Die 1000 wichtigsten Wörter

Englisch
Slang

PONS

PONS

Die 1000 wichtigsten Wörter Englisch
Slang

Bearbeitet von: Christiane Mackenzie, Katja Hald, Helen Blocksidge

1. Auflage 2008 (1,01 – 2008)

Internet: www.pons.de
E-Mail: info@pons.de

Projektleitung: Christiane Mackenzie

Umschlaggestaltung und Konzeption: Helmut Lingen Werbung und Design GmbH & Co. KG
Logoentwurf: Erwin Poell, Heidelberg
Logoüberarbeitung: Sabine Redlin, Ludwigsburg
Satz: Satzkasten – Dollenbacher & Müller, Stuttgart

Printed in Thailand
ISBN: 978-3-12-517694-2

Inhalt

Vorwort

Mit Slang wird der Teil einer Sprache bezeichnet, der lebendig, fantasievoll, und kreativ ist; der aber ebenso vulgär, verletzend und schonungslos sein kann.

Sprachwissenschaftlich gesehen beschreibt Slang einen Soziolekt, also den Sprachgebrauch einer bestimmten sozialen Gruppe und taucht als Begriff zum ersten Mal Mitte des 18. Jahrhunderts auf. Heute wird Slang im Volksmund als Synonym für einen umgangssprachlichen Sprachgebrauch benutzt, doch Slang ist noch viel mehr.

Wir haben die aus unserer Sicht 1000 wichtigsten Ausdrücke für Sie zusammengestellt, die Ihnen eine neue Tür in die englische Sprache öffnen werden. Bitte beachten Sie hierbei, dass es sich hier ausschließlich um britische Varianten handelt.

Aber Vorsicht! Die englische Sprache verfügt beim Thema Slang über zahlreiche nicht jugendfreie Ausdrücke und Redewendungen. Viele davon finden Sie hier. Vulgäre und abwertende Ausdrücke haben wir entsprechend gekennzeichnet, diese sollten Sie mit Bedacht verwenden. Damit Ihnen das einfach gelingt, zeigen Ihnen Beispielsätze, wie Sie jedes Wort im Zusammenhang verstehen und anwenden können.

Viel Vergnügen wünscht Ihnen
Ihre

PONS Redaktion

PS: Ihre Meinung interessiert uns! Schreiben Sie uns Ihre Erfahrungen an info@pons.de. Wir freuen uns auf Ihre Anregungen.

Wie gut bin ich?

Kennen Sie die wichtigsten Slang Ausdrücke auf Englisch? Machen Sie diesen Test und finden Sie es heraus!

1. **Was kann mit dem *World Wide Wait* gemeint sein?**
   - **A** *Die Warterei beim Arzt*
   - **B** *Der Welthunger*
   - **C** *Das Internet*

2. **Was wäre das Englische für's *„abhängen“*?**
   - **A** *veg out*
   - **B** *put out*
   - **C** *stake out*

3. **Es gibt viele, aber welches Wort ist <u>kein</u> Äquivalent zu *„hackedicht“*?**
   - **A** *hammered*
   - **B** *slaughtered*
   - **C** *buggered*

4. **Die Wendung: *He's one can short of a six-pack,* bedeutet derjenige hat**
   - **A** *eine Vollmeise*
   - **B** *Biernotstand*
   - **C** *Geldnot*

5. ***Dave has gone AWOL,* bedeutet so viel wie**
   - **A** *Dave ist ausgerastet.*
   - **B** *Dave ist verschwunden.*
   - **C** *Dave ist am Arsch.*

6. ***Can I bum a fag* heißt im Deutschen so viel wie:**
   - **A** *Kann ich bei dir mitfahren?*
   - **B** *Kann ich 'ne Kippe schnorren?*
   - **C** *Krieg' ich auch einen Schluck?*

7. **Was kommt für einen Briten gleich einer genialen Sache?**
   - **A** *a dogsbody*
   - **B** *a dog's dinner*
   - **C** *the dog's bollocks*

8. **Was bedeutet nicht *sauer sein*?**
   - **A** *hacked off*
   - **B** *pissed off*
   - **C** *pushed off*

9. **Was bedeutet im britischen Slang *ein Kind bekommen*?**
   - **A** *to drop a log*
   - **B** *to drop a sprog*
   - **C** *to drop a bomb*

10. **Was umschreibt nicht den sexuellen Akt?**
    - **A** *stick in the mud*
    - **B** *slap and tickle*
    - **C** *rumpy-pumpy*

Lösung: 1c, 2a, 3c, 4a, 5b, 6b, 7c, 8c, 9b, 10a

Auswertung Bonus-Test:

Weniger als 3 richtige Antworten:
Sie werden schnell viel mehr Ausdrücke kennen, wenn Sie regelmäßig einen Blick in „Die 1000 wichtigsten Wörter Englisch Slang“ werfen – hier finden Sie alles, was Sie wissen sollten.

3 bis 6 richtige Antworten:
Nicht schlecht! Sie kennen sich gut aus, … aber wetten, dass Sie in diesem Buch noch so einiges finden, was Sie bisher nicht wussten?

7 bis 10 richtige Antworten:
PONS gratuliert – Sie sind richtig gut! Aber man lernt nie aus, oder? Mit diesem Buch finden Sie heraus, ob Sie auch die anderen 990 wichtigsten Wörter kennen!

Viel Spaß bei der Lektüre!

[ˈ]	vor einer Silbe bedeutet, dass die nachfolgende Silbe betont ist. Bei einer Hauptbetonung steht das Zeichen oben vor der Silbe, bei einer Nebenbetonung unten; z. B. [ˈtelɪævɪʒn].	
[ː]	bedeutet, dass der vorhergehende Vokal lang gesprochen wird.	
[‿]	zwischen zwei Wörtern bedeutet, dass man den letzten Buchstaben des ersten Wortes zum nächsten Wort hinüberzieht: this is [ðɪs‿ɪz].	
[ɪ]	wie Liste	film [fɪlm]
[e]	wie Bäcker	well [wel]
[ʌ]	kurzes a, wie in Stadt	but [bʌt], London [ˈlʌndən]
[ʊ]	wie Ruck	look [lʊk]
[uː]	langes u wie Puma	room [ruːm]
[iː]	langes i wie Wien	bean [biːn]
[ɑː]	langes a, etwa wie in Bahn	plant [plɑːnt]
[aɪ]	wie Mai, dein	nice [naɪs]
[æ]	ganz offener ä-Laut, etwa zwischen Bäcker und backen	happy [ˈhæpɪ], ham [hæm]
[eɪ]	nicht wie klein, sondern e-i, d. h. von [e] zu [ɪ] gleiten	station [ˈsteɪʃn], way [weɪ]
[eə]	ä-Laut wie in Bär, dann zu [ə] gleiten	there [ðeə]
[ᵊ]	kurzes, schwaches, nur angedeutetes e, etwa wie in bitte, danke	sudden [ˈsʌdən]
[ə]	kurzes, schwaches, nur angedeutetes e, etwa wie in bitte, danke	about [əˈbaʊt], welcome [ˈwelkəm]
[ɛ̃]	ähnlich wie der nasale Laut in Gratin	gratin [grætɛ̃ŋ]
[ɜː]	ähnlich wie das ö in Mörder, Lippen nicht runden	German [ˈdʒɜːmən], bird [bɜːd]
[ɪə]	auf das [ɪ] gleich ein kurzes [ə] folgen lassen, ähnlich wie in hier	here [hɪə], near [nɪə]
[ʊə]	auf das [ʊ] gleich ein kurzes [ə] folgen lassen	poor [pʊə], sure [ʃʊə]
[ɒ]	kurzes offenes o, etwa wie in offen, Kopf	John [dʒɒn], not [nɒt]
[ɔː]	langes offenes o, etwa wie in Horn	hall [hɔːl], all [ɔːl]

[ɔɪ]	offenes kurzes o, dann zu i gleiten, wie in h**eu**te	**boy** [bɔɪ], **oil** [ɔɪl]
[əʊ]	auf das [ə] sofort ein u folgen lassen: ə-ʊ	hell**o** [hə'ləʊ]
[aʊ]	wie in M**au**s	n**ow** [naʊ]
[ŋ]	wie in la**ng**, kra**nk**	E**ng**land ['ɪŋglənd]
[r]	Zunge an den Gaumen heben und leicht zurückbiegen	**R**obert ['rɒbət] f**r**om [frɒm]
[ʳ]	unausgesprochenes r, wie in da**r**stellen	bitte**r** ['bɪtəʳ]
[s]	wie in rei**ß**en, la**ss**en	**s**alad ['sæləd], **s**ir [sɜː]
[z]	wie in le**s**en, rei**s**en	i**s** [ɪz], hou**s**e**s** ['haʊzɪz]
[θ]	[s] gesprochen mit der Zungenspitze zwischen den Zähnen	**th**ank you ['θæŋkjʊ]
[ð]	[z] gesprochen mit der Zungenspitze zwischen den Zähnen	**th**is [ðɪs], **th**ere [ðeə]
[ʃ]	wie in Ti**sch**	**sh**ip [ʃɪp], **sh**e [ʃiː]
[tʃ]	t mit nachfolgendem [ʃ]	**ch**eese [tʃiːz]
[ʒ]	wie in Gara**g**e, Lo**g**e	televi**si**on ['telɪævɪʒn]
[dʒ]	d und gleich anschließender [ʒ] wie in In**g**enieur	**J**ohn [dʒɒn], **G**erman ['dʒɜːmən]
[v]	wie in **W**ein, **W**asser, **V**ioline	**v**ery ['verɪ]
[w]	nicht wie dt. w, sondern mit vorgestülpten Lippen ein kurzes u bilden, dann schnell zum nachfolgenden Laut übergehen	**w**ay [weɪ], **w**ater ['wɔːtə]

Beachten Sie: Ein d am Wortende darf nicht wie ein t ausgesprochen werden, sondern muss deutlich als d hörbar sein: cold [kəʊld]. Ebenso darf ein g am Wortende nicht wie ein k ausgesprochen werden, sondern muss deutlich als g hörbar sein: egg [eg]

Abkürzungen und Stilebenen:

jdn	jemanden	vulg!	extrem vulgär
jdm	jemandem	pej	abwertend, beleidigend
sb	somebody	pej!	sehr beleidigend
vulg	vulgär		

Die 1000 wichtigsten Wörter

Englisch
Slang

Englisch – Deutsch

ace [eɪs] — **spitze**
The game was ace last night. — Das Spiel gestern Abend war spitze.

airhead ['eəʳhed] — **strohdoof**
He's a bit of an airhead. — Er ist ziemlich strohdoof.

all-nighter [ɒːl'naɪtəʳ] — **durchsumpfen, die Nacht durchfeiern**
We pulled an all-nighter. — Wir haben die Nacht durchgesumpft.

ape(shit) ['eɪp(ʃɪt)] *vulg* — die **Krise**
She'll go apeshit when she finds out. — Sie wird die Krise kriegen, wenn sie's rausfindet.

argy-bargy [ˌɑːdʒi'bɑːdʒi] — der **Krach**
Did you have argy-bargy with the old missus again? — Hast du schon wieder Krach mit deiner Alten?

arse [ɑːs] *vulg* — der **Arsch**
Can you move your arse, please? — Kannst du bitte deinen Arsch bewegen?

my arse! ['maɪɑːs] *vulg* — **von wegen!**
Poor, my arse! He drives a brand new Merc! — Von wegen arm! Der fährt doch 'nen nagelneuen Mercedes!

to **not know one's arse from one's elbow** *pej, vulg* — **keinen blassen Schimmer haben**
He doesn't know his arse from his elbow! — Der hat doch keinen blassen Schimmer!

to **get one's arse in gear** *vulg* — **den Arsch hochkriegen**
I just couldn't get my arse in gear. — Ich hab meinen Arsch einfach nicht hochgekriegt.

to **talk out of one's arse** *vulg* — **(nur) Scheiß reden**
He's talking out of his arse. — Er redet nur Scheiße.

to **arse around** [ɑːsə'raʊnd] *vulg* — **rumarschen**
We were just arsing around. — Wir haben nur rumgearscht.

to **arse up** [ɑːs'ʌp] *vulg* — **versauen**
I'm sorry, I've totally arsed this up. — Tut mir leid, ich hab' das hier total versaut.

arsed [ɑːst] *vulg* — **keinen Turn / null Bock haben**
I can't be arsed today. — Ich habe heute keinen Turn.

arsehole ['ɑːshəʊl] *vulg, pej* — das **Arschloch**
He behaved like a right arsehole. — Er hat sich wie ein echtes Arschloch benommen.

as hell [æz'hel] — **verdammt, Scheiß-; sau-**
It was cold as hell. — Es war saukalt.

As the actress said to the Bishop

Dies ist eine Redewendung, die als Hinweis auf eine mögliche Zweideutigkeit des gerade Gesagten gilt. Wenn z. B. ein „unschuldiger" Satz wie *I've got a long one here somewhere*, mit *as the actress said to the bishop* und ein Augenzwinkern kommentiert wird, will man humorvoll auf das mögliche double entendre hinweisen. Eine weitere Möglichkeit hierfür ist der Ausdruck *nudge nudge, wink wink* (wörtlich: mit dem Ellbogen anstubsen und Augen zwinkern).

ass [æs] *vulg* — der **Arsch**
Get your ass over here! — Beweg deinen Arsch hierher!

to **kick ass**[1] ['kɪkæs] — **es krachen lassen, die Sau rauslassen**
We're going to kick ass tonight! — Wir lassen's heute Abend krachen!

to **kick ass[2]** ['kɪkæs] This computer game kicks ass!	**saugut sein** Dieses Computerspiel ist saugut!
to **kiss ass** ['kɪsæs] *vulg* He likes to kiss his boss's ass.	**arschkriechen** Er kriecht seinem Chef gerne in Arsch.
AWOL ['eɪwɒl] My mobile seems to have gone AWOL again.	**verschwunden** Mein Handy ist schon wieder verschwunden.
backside ['bæksaɪd] Just give him a good kick up the backside.	der **Hintern** Gib ihm einfach einen ordentlichen Tritt in den Hintern.
backstabber ['bækstæbəʳ] Don't trust Dave, he's a real backstabber.	der **Kumpelbumser** Dave kannst du nicht vertrauen, der ist ein echter Kumpelbumser.
bad [bæd] That's a bad new car you've got there!	**Wahnsinns-** Das ist ein Wahnsinnsauto was du da hast!
bad hair day [bæd'heəʳdeɪ] Don't be too hard on Kathy, she's having a bad hair day.	**kein guter Tag** Sei nicht zu streng mit Kathy, heute ist nicht ihr Tag.
badass ['bædæs] That was a badass game!	**Wahnsinns-, saustark** Das war ein Wahnsinnsspiel!
bagsters [bægstəʳz] Hey, pull up your bagsters, you're backside's showing!	**Baggies** Hey, zieh' die Baggies hoch, dein Hintern guckt schon raus!
to **go ballistic** [bə'lɪstɪk] My boss will go ballistic when he reads this.	**am Rad drehen** Mein Chef wird am Rad drehen, wenn er das liest.

balls ['bɔːlz] — die **Muffe**

He hasn't got the balls to say it to me in the face. — Er hat nicht die Muffe, es mir direkt zu sagen.

barf [bɑːf] — **kotzen**

That smell makes me want to barf. — Bei dem Geruch könnte ich kotzen.

bastard ['bɑːstəd] *vulg* — **Scheiß-**

That bastard computer keeps crashing! — Dieser Scheißcomputer stürzt ständig ab!

bastard ['bɑːstəd] *pej* — der **Scheißkerl**, der **Drecksack**

You bastard! — Du Scheißkerl!

Bastard

Das Wort *bastard* kann man ganz allgemein auch im positiven Sinne als Platzhalter für eine Person nehmen: *You're a clever bastard* (Du bist ja mal ein schlaues Bürschchen), oder *Hi, you old bastard, how's it going?* (Hey, alter Sack, wie geht's?). Eine schwierige Sache kann auch ein *bastard* sein: *He's lost his job – what a bastard!* (Er hat seinen Job verloren – so ein Scheiß!). *Bastard* kann auch nur zur Verstärkung verwendet werden: *The bastard thing won't open* (Das verdammte Teil geht nicht auf). Mit *bastard* sollte man trotzem vorsichtig umgehen, und mit seinem Gegenüber schon etwas vertrauter sein.

bend [bend] — der **Wahnsinn**

It's making me go round the bend. — Das macht mich noch ganz kirre.

bender ['bendəʳ] — die **Zechtour**

I was on a bender last night. — Ich hab gestern Abend 'ne Zechtour gemacht.

bent [bent] *pej* — **schwul**

I think he's a bit bent. — Ich glaube, er ist ein bisschen schwul.

bent as a nine bob note ['bentəzəˌnaɪnbɒb'nəʊt] *pej* — **schwul wie's nur geht**
He won't be after your wife – he's as bent as a nine bob note! — Der wird sich nicht an deine Frau ranmachen – der ist so schwul wie es nur geht.

bevvied ['bevid] — **breit, fett**
We were well bevvied. — Wir waren ziemlich breit.

bevvy ['bevi] — die **Zecherei**
It'll be a great bevvy tonight. — Das gibt heute Abend eine gute Zecherei.

bible basher ['baɪblˌˌbæʃəʳ] *pej* — der **Betbruder**
Don't let those bible bashers talk you into anything. — Lass dir von diesen Betbrüdern ja nichts einreden.

big girls blouse [ˌbɪgɜːlz'blaʊz] — das **Weichei**
Don't be such a big girl's blouse! — Sei doch nicht so ein Weichei!

big shot ['bɪgʃɒt] — das **hohe Tier**
She's a big shot in Wall Street. — Sie ist so ein hohes Tier an der Wall Street.

big time ['bɪgtaɪm] — **riesig, megamäßig**
We messed up big time. — Wir haben riesigen Bockmist gebaut.

to **big up** ['bɪgʌp] — **Achtung schenken**
Big it up for all those brothers out there fighting for our rights! — Alle Achtung vor unseren Brüdern da draußen, die für unsere Rechte kämpfen!

big way ['bɪgweɪ] — **megamäßig**
He's into Beth in a big way. — Er ist megamäßig in Beth verknallt.

on your bike! [ˌɒnjʊəʳˈbaɪk] On your bike! We were here first!	**hau ab!, kusch dich!** Hau ab! Wir waren zuerst da!
the Bill [ðəˈbɪl] Here comes the Bill.	**Bullen** Da kommen schon die Bullen.
bimbo [ˈbɪmbəu] *pef* His new girlfriend is a bit of a bimbo.	das **Dummchen** Seine neue Freundin ist ein kleines Dummchen.
bird [bɜːd] He met this bird in a bar.	die **Schnitte** Er hat diese Schnitte in einer Bar kennengelernt.
bit of all right [bɪtɒvˌɒːlˈraɪt] That guy over there is a bit of all right.	die **Sahneschnitte** Der Typ da vorne ist 'ne Sahneschnitte.
bit on the side [bɪtɒnðəˈsaɪd] Do you think he has a bit on the side?	die **Beziehung nebenher** Glaubst du, er hat was nebenher laufen?
bitch¹ [bɪtʃ] *pej* What a bitch!	das **Miststück** Was für ein Miststück!
bitch² [bɪtʃ] That's a bitch of a question.	**sauschwer** Das ist eine sauschwere Frage.
bitchin [ˈbɪtʃɪn] I heard a bitchin new tune at the club.	**saustark, bockstark** Ich hab 'nen bockstarken Song in der Disse gehört.
to **bite sb's head off** Ok, you don't have to bite my head off!	**jdn anschreien** Schon gut, du brauchst mich nicht gleich anschreien!
blast [blɑːst] Oh blast! I forgot my purse.	**Mist!** Oh Mist! Ich habe mein Portmonnaie vergessen.

bleeding ['bliːdɪŋ]	**verdammte(r, s)**
I can't get the bleeding thing to work.	Ich kriege das verdammte Teil nicht zum laufen.
blether ['bleðəʳ]	**herumsülzen**
I wish he would stop blethering.	Ich wünschte, er würde aufhören herumzusülzen.
bling [blɪŋ]	**Klunker**
She's always wearing loads of bling.	Sie trägt immer viele Klunker.
to **bling-bling it** ['blɪŋblɪŋɪt]	**beklunkert sein**
Those women like to bling-bling it.	Diese Frauen sind gerne beklunkert.
bloke [bləʊk]	der **Typ**
This bloke was trying to chat me up.	Dieser Typ hat versucht, mich anzubaggern.
bloody ['blʌdi]	**verdammt, Scheiß-; sau-**
The bloody CD-player's broken again.	Der verdammte CD-Spieler ist schon wieder kaputt.
bloody well ['blʌdiˌwel]	**verdammt noch mal**
I can bloody well do it alone!	Ich kann's verdammt noch mal alleine!
blooming ['bluːmɪŋ]	**total**
He made a blooming mess of it.	Er hat's total verbaselt.
blow it ['bləʊɪt]	**vermasseln**
That's it, you've blown it now.	Das war's, du hast es jetzt vermasselt.
bog [bɒg]	das **Klo**
Paul's on the bog.	Paul ist auf'm Klo.

bogey ['bəʊgi] — der **Popel**
Don't wipe your bogeys on the settee! — Schmier deine Popel nicht auf dem Sofa!

bog-standard ['bɒgˌstændəd] — **stinknormal, nullachtfuffzehn**
It was nothing special, just a bog-standard hotel room. — Es war nichts besonderes, nur ein nullachtfuffzehn Hotelzimmer.

bollocking ['bɒləkɪŋ] *vulg* — **zur Schnecke**
He got a bollocking from his boss. — Sein Chef hat ihn zur Schnecke gemacht.

bollocks ['bɒləks] *vulg* — **(völliger) Quatsch, Scheiß**
You're talking bollocks. — Du redest völligen Quatsch,

bollocks to that! ['bɒləkstəˌðæt] *vulg* — **von wegen!**
They want me to work on Sunday, well bollocks to that! — Die wollen, dass ich Sonntag arbeite – von wegen!

bollocks to you! ['bɒləkstəju:] *vulg* — **du kannst mich mal!**
Bollocks to you! — Du kannst mich mal!

to **make a bollocks of** *vulg* — **vermasseln**
I made a complete bollocks of my essay. — Ich hab' meine Arbeit total vermasselt.

bonkers ['bɒŋkəz] — **bescheuert**
That guy's totally bonkers! — Der Typ ist total bescheuert!

boogie ['bu:gi] — der **Schwof**
Let's have a boogie! — Lass uns schwofen!

booty ['bu:ti] — der **Booty**
Shake your booty on the dance floor! — Wackel deinen Booty auf der Tanzfläche!

booze [bu:z] We have to get some more booze for tonight.	der **Alk** Wir müssen für heute Abend noch Alk besorgen.
boozer ['bu:zəʳ] Grant's a bit of a boozer.	der **Säufer**, die **Säuferin** Grant ist ein ziemlicher Säufer.
booze-up ['bu:zʌp] They went on a booze-up down town.	die **Zechtour** Sie haben eine Zechtour durch die Stadt gemacht.
bop [bɒp] Let's have a bop!	der **Schwof** Lass uns schwofen!
to **be out of one's box** Emma was out of her box and threw up in the back of the taxi.	**hackedicht** Emma war hackedicht und kotzte auf den Rücksitz des Taxis.
bored shitless [bɔ:d'ʃɪtləs] We're bored shitless here, someone suggest something!	**abschimmeln** Wir schimmeln hier gerade ab, mach mal jemand 'nen Vorschlag!
to **bottle out** ['bɒtl̩ˌaʊt] Ken wanted to raise the odds, but Will bottled out.	**kneifen** Ken wollte den Einsatz erhöhen, aber Will hat gekniffen.
boulder holder ['bəʊldəʳˌhəʊldəʳ] That's what I call a boulder holder!	der **Tittenstrick**, der **Euterdraht** Das nenne ich mal 'nen Euter-draht!
brass [brɑ:s] Sorry, mate, I've got no brass on me myself!	die **Knete** Tut mir Leid, Kumpel, ich habe selber keine Knete bei mir!
brass monkeys [brɑ:s'mʌŋkiz] It's brass monkeys out there.	das **Nippelwetter, arschkalt** Es ist arschkalt da draußen.

brassed off [brɑːst'ɒf] She's brassed off about something.	**sauer, ankotzen** Sie ist wegen irgendwas sauer.
bread [bred] Have you got the bread?	das **Moos** Hast du das Moos?
to **be one brick short of a load** You must be one brick short of a load!	**einen Haschmich haben** Du hast wohl 'nen Haschmich!
to **brick it** ['brɪkɪt] He's bricking it.	**die Hosen voll haben** Er hat die Hosen voll.
to **brown-nose** [braʊ'nəʊz] *vulg* Stop brown-nosing to the teachers!	**arschkriechen** Hör auf, den Lehrern in den Arsch zu kriechen!
brown-noser [braʊ'nəʊzəʳ] *vulg, pej* Pete's such a brown-noser.	der **Arschkriecher**, die **Analraupe** Pete ist ein richtiger Arschkriecher.
to **kick the bucket** ['kɪkðəˌbʌkɪt] She kicked the bucked the next day.	**den Löffel abgeben** Sie hat am Tag darauf den Löffel abgegeben.
to **bucket it** ['bʌkɪtɪt] It's bucketing it out there.	**kübeln** Es kübelt da draußen.
to **budge up** ['bʌdʒʌp] Budge up, will you.	**Platz machen** Mach mal Platz.
buff [bʌf] Judy's well buff, don't you think?	**geil, Bombe, lecker** Judy ist echt lecker, meinst du nicht?
to **bugger** ['bʌgəʳ] *vulg* I've buggered the printer.	**kaputt machen, vermurksen** Ich hab den Drucker kaputt gemacht.

bugger[1] ['bʌgəʳ] *vulg* That's a bugger of a question.	**sauschwer** Das ist 'ne sauschwere Frage.
bugger[2] ['bʌgəʳ] *vulg* You're a clever bugger, aren't you!	der **Kerl** Du bist ja mal ein schlaues Kerlchen!
to **not give a bugger** *vulg* She doesn't give a bugger about anyone else except for herself.	**schnurzegal, rille sein** Andere sind ihr schnurzegal, nur sie selber zählt.
bugger all ['bʌgəʳˌɒːl] *vulg* He did bugger all today.	**gar nix, einen Scheißdreck** Einen Scheißdreck hat der heute gemacht.
bugger it ['bʌgəʳˌɪt] *vulg* Oh bugger it, it's not working!	**scheiß drauf, Mist!** Scheiß drauf, es funktioniert nicht!
bugger me ['bʌgəʳˌmiː] *vulg* Polly's pregnant! – Bugger me!	**ich glaub's nicht** Polly ist schwanger! – Ich glaub's nicht!
to **bugger off** ['bʌgəʳˌɒf] *vulg* Bugger off, will you!	**abhauen** Hau ab, ey!
bugger off! ['bʌgəʳˌɒf] *vulg* The promotion went to Stan. – Bugger off!	**red kein Scheiß** Die Beförderung ging an Stan. – Jetzt red kein Scheiß!
to **bugger up[1]** ['bʌgəʳˌʌp] *vulg* I've buggered it all up.	**vermurksen, versauen** Ich hab alles versaut.
to **bugger up[2]** ['bʌgəʳˌʌp] *vulg* Did you bugger up?	**Scheiße bauen** Hast du Scheiße gebaut?
buggered ['bʌgəd] *vulg* That's it, we're buggered!	**am Arsch** Das war's, wir sind am Arsch!

Bugger

Bugger ist ein herrlich vielseitiges Wort – hier finden Sie noch mehr Anwendungen:

I'm buggered if I'm going to help him!	Einen Dreck werd' ich ihm helfen!
Well, I'll be buggered!	Das glaub ich jetzt nicht!
Bugger that!	Von wegen!
Bugger (it)!	Mist!
I couldn't give a bugger!	Das interessiert mich 'nen feuchten Dreck!

bull(shit) ['bʊl(ʃɪt)] — die **Scheiße**, der **Mist**
That's total bullshit! — Das ist totaler Mist!

to **bullshit** ['bʊlʃɪt] — **Scheiße erzählen**
Don't bullshit me/Stop bullshitting! — Erzähl keine Scheiße!

bum [bʌm] — der **Hintern**
Move your bum, I can't get past. — Geh mal mit deinem Hintern zur Seite, ich komme nicht vorbei.

up your bum! ['ʌpjʊəʳˌbʌm] — **du kannst mich mal!**
Up your bum! – Same to you! — Du kannst mich mal! – Du mich auch!

to **bum** [bʌm] — **schnorren**
Can I bum a ciggy? — Kann ich 'ne Kippe schnorren?

bummer ['bʌməʳ] — der **Mist**
What a bummer! — So ein Mist!

bun in the oven ['bʌnɪnðiˌʌvᵊn] — der **Kasper in der Schublade**
She's got a bun in the oven. — Sie hat 'nen Kasper in der Schublade.

to **bunk off** ['bʌŋkɒf] — **blau machen, bläuen**
We bunked off yesterday. — Wir haben gestern gebläut.

buns [bʌnz] — der **Knackpo**
Look at those buns! — Sieh dir den Knackpo an!

bush [bʊʃ] — der **Pelz**
You could do with shaving your bush, before you wear a bikini. — Du könntest dir mal wieder den Pelz rasieren, bevor du einen Bikini trägst.

business ['bɪznɪs] — **voll der Hit/Renner**
This new mobile's the business. — Dieses Handy ist voll der Renner.

butt [bʌt] — der **Hintern**
She's got a cute butt. — Sie hat 'nen niedlichen Hintern.

to **buy** [baɪ] — **abkaufen**
I don't buy that! — Das kauf ich dir nicht ab!

can [kæn] — die **schwedischen Gardinen**
Is your brother in the can again? — Ist dein Bruder schon wieder hinter schwedischen Gardinen?

to **be one can short of a six-pack** — **eine Vollmeise haben**
He's one can short of a six-pack. — Der hat 'ne Vollmeise.

chav [tʃæv] *pej* — der **Assi**, der **Takkolord**
The place was full of chavs. — Der Laden war voller Assis.

chavette [tʃæ'vet] *pej* — die **Assi Schlampe**
Look at those chavettes over there. — Sieh dir die Assi Schlampen da vorne an.

chavvy ['tʃævi] *pej* — **prollig, assi**
Those trainers look a bit chavvy. — Diese Turnschuhe sehen ein bisschen prollig aus.

to **check out** ['tʃekaʊt]
Check out his new car.

checken
Check mal sein neues Auto.

cheers [tʃɪərz]
Here's your key back. – Cheers, mate!

danke
Hier hast du deinen Schlüssel wieder. – Danke, Kumpel!

cheesed off [ˌtʃiːzd'ɒf]
He was cheesed off about something.

genervt
Er war wegen irgendwas genervt.

chick [tʃɪk]
He met this chick last night.

die **Schnitte**
Er hat gestern Abend eine Schnitte kennengelernt.

chicken ['tʃɪkɪn]
Don't be such a chicken!

der **Waschlappen**
Sei kein Waschlappen!

to **chicken out (of)** ['tʃɪkɪnˌaʊt]
She chickened out of going in the half pipe.

kneifen, Schiss haben
Sie hatte Schiss, in die Halfpipe zu gehen.

chill [tʃɪl]
Let's just chill.

relaxen, abhängen
Lass uns einfach abhängen.

to **chill out**[1] [tʃɪl'aʊt]
Hey, chill out, will you!

sich beruhigen, entschleunigen
Hey, entschleunige mal 'ne Runde!

to **chill out**[2] ['tʃɪlaʊt]
We chilled out in the lounge area.

abhängen, chillen, schimmeln
Wir haben in der Lounge gechillt.

to **take a chill pill** [teɪkə'tʃɪlpɪl]
Why don't you take a chill pill!

cremig bleiben
Hey, bleib schön cremig.

chronic ['krɒnɪk]
The party last night was chronic.

sauschlecht
Die Party gestern Abend war sauschlecht.

to **chuck** [tʃʌk] She chucked him last week.	**abservieren** Sie hat ihn letzte Woche abserviert.
to **chuck in** [tʃʌk'ɪn] John's chucked in his job.	**schmeißen** John hat seinen Job geschmissen
chuffed [tʃʌft] I'm really chuffed about winning the first prize.	**sich total freuen** Ich freue mich total, dass ich den ersten Platz gewonnen habe.
to **be off one's chump** You'd be off your chump to turn her down.	**einen an der Waffel haben** Du hast sie nicht mehr alle, wenn du mit ihr Schluss machst.
to **chunder** ['tʃʌndəʳ] He's just chundered on the pavement.	**kotzen, Straßenpizza produzieren** Er hat gerade 'ne Straßenpizza produziert.
ciggy ['sɪgi] I'm going out for a ciggy.	die **Kippe** Ich geh raus, eine Kippe rauchen.
cleverclogs ['klevəʳklɒgz] Listen to cleverclogs here!	der **Schlaumeier** Hört euch mal den Schlaumeier hier an!
to **cock up** ['kɒkʌp] *vulg* She cocked up in her exam.	**vermurksen, versauen** Sie hat ihr Examen vermurkst.
cock-up ['kɒkʌp] *vulg* He made a real cock-up of his interview.	der **Murks**, die **Scheiße** Er hat bei seinem Vorstellungsgespräch total abgekackt.
coke [kəʊk] They were doing coke in the back room.	der **Koks** Im Hinterzimmer haben sie gekokst.
come off it ['kʌmˌɒfɪt] I mean, come off it, guys. Give her a chance.	**Erzähl mir nix!; Nun mach mal halblang** Jetzt macht mal halblang, Leute. Gebt ihr eine Chance.

con [kɒn]	die **Verarschung**
It was all just a con.	Es war alles nur 'ne Verarschung.
to **con** [kɒn]	**verarschen, bescheißen**
We were conned by trick artists.	Wir wurden von Trickdieben beschissen.
to **con into** ['kɒn,ɪntə]	**überlisten**
He conned me into giving him 50 Pounds.	Er hat mir 50 Pfund abgeluchst.
to **con out of** ['kɒn,aʊtəv]	**abluchsen**
I was conned out of 100 Pounds.	Mir hat man 100 Pfund abgeluchst.
conk [kɒŋk]	der **Zinken**
Look at his great big conk.	Sieh dir seinen riesigen Zinken an.
to **conk out** [kɒŋk'aʊt]	**einpennen**
Afterwards I conked out on the sofa.	Danach bin ich auf dem Sofa eingepennt.
cool [kuːl]	**cool**
That's really cool man.	Das ist echt cool, Alter!
to **cool it** ['kuːlɪt]	**sich abregen**
Come on, just cool it!	Komm, reg' dich ab!
cop [kɒp]	der **Bulle**
The cops will be here any minute.	Die Bullen werden jeden Augenblick da sein.
to **cop out** [kɒp'aʊt]	**kneifen**
Come on, don't cop out now!	Komm, jetzt nicht kneifen!
cop-out ['kɒpaʊt]	die **Drückebergerei**, das **Kneifen**
That sounds like a cop-out to me.	Das hört sich für mich nach Drückebergerei an.

couch potato [kaʊtʃpəˈteɪtəʊ]	die **Couchpotato**
Don' be such a couch potato and switch off that TV.	Sei nicht so eine Couchpotato und mach die Kiste aus.
to **cough up** [ˈkɒfʌp]	**(mit der Kohle) rausrücken**
Do you expect me to cough up now?	Soll ich etwa jetzt gleich mit der Kohle rausrücken?
cow [kaʊ]	die **Kuh**, die **Zicke**
She can be a real cow sometimes.	Sie kann manchmal 'ne richtige Zicke sein.
crack [kræk]	**was geht**
Hey, what's the crack?	Hey, was geht?
to **crack up** [krækˈʌp]	**sich einen ablachen**
What he said made us all crack up.	Wir mussten uns einen ablachen bei dem was er gesagt hat.
cracked up [kræktˈʌp]	
It's not all it's cracked up to be.	So toll ist es dann auch wieder nicht.
crap [kræp] *vulg*	**Mist, Kacke; endmadig**
The concert was totally crap.	Das Konzert war total endmadig.
to **crap oneself** *vulg*	**sich (vor Angst) in die Hose machen**
I was crapping myself when the light suddenly went off.	Ich hab' mir vor Angst in die Hosen geschissen, als das Licht auf einmal ausging.
crappy [ˈkræpi] *vulg*	**beschissen**
I don't want a crappy boogie box, I want a real stereo.	Ich will keinen beschissenen Negerkoffer, Ich will 'ne richtige Stereoanlage!
crash	**pennen**
Can I crash on your floor?	Darf ich bei dir auf'm Boden pennen?

to **crash out** ['kræʃaʊt] | **einpennen**
Lucy crashed out on the sofa. | Lucy ist auf'm Sofa eingepennt.

to **be up the creek (without a paddle)** | **in der Tinte sitzen**
Shit! Now we really are up the creek without a paddle! | Jetzt sitzen wir tief in der Tinte.

creep [kriːp] *pej* | der **Kotzbrocken**
That guy is such a creep. | Der Typ ist ein echter Kotzbrocken.

cretin ['kretɪn] *pej* | der **Schwachkopf**
Some cretin has gone and turned off the mains. | Irgend so ein Schwachkopf hat den Haupthahn zugedreht.

crummy ['krʌmi] | **mies**
They only served crummy cheese rolls on the plane. | Im Flieger gab's nur miese Käsebrötchen.

crumpet ['krʌmpɪt] | die **Schnitte**
Can you introduce us your new crumpet then? | Kannst du uns dann mal deine neue Schnitte vorstellen?

cunt [kʌnt] *vulg!, pej* | die **Fotze**, der **Arschficker**
Get off me you stupid cunt! | Lass die Finger von mir, du Fotze!

not one's cup of tea | **nicht jds Fall**
All that outdoorsy stuff is not my cup of tea. | Diese Outdoor-Geschichten sind nicht so mein Fall.

dab [dæb] | der **Versuch**
Why don't you have a dab at skiing? | Warum versuchst du nicht mal das Skifahren?

daft [dɑːft] | **bescheuert**
Don't be so daft! | Sei doch nicht so bescheuert!

damage ['dæmɪdʒ] So, what's the damage?	**Kosten** Also, was kostet der Spaß?
dead [ded] It was dead nice of you to come.	**total** Das war total lieb von dir, dass du gekommen bist.
deep shit ['di:pʃɪt] Oh-oh, you're in deep shit now.	der **Ärger** Oh-oh, jetzt sitzt du voll in der Scheiße.
def [def] This track is def, man.	**abgefahren** Die Mucke ist voll abgefahren, Alter.
Delhi belly ['deli,beli] I think I've got a bit of a Delhi belly.	der **Durchfall** *(nach dem Verzehr von indischem Curry)* Ich habe wohl zu viel Curry gegessen.
dick [dɪk] *pej* He was acting like a right dick.	der **Arsch** Der hat sich wie ein echtes Arschloch benommen.
dickhead ['dɪkhed] *pej* Hey dickhead, keep your hands off my girlfriend!	das **Arschloch**, die **Arschbacke** Hey du Arschloch, Hände weg von meiner Freundin!
dim [dɪm] I think she's a bit dim.	**bewölkt, hirnblind** Ich glaub, die ist ein bisschen hirnblind.
dish [dɪʃ] He's a total dish.	die **Sahneschnitte** Der ist ne richtige Sahneschnitte.
to **dish the dirt** [,dɪʃðə'dɜ:t] Then she dished the dirt on Steve's secret affair.	**ausplaudern** Dann hat sie alles über Steve's heimliche Affäre rausgeplaudert.

dishy ['dɪʃi] My new boss is quite dishy.	**lecker, süß** Mein neuer Chef ist ziemlich süß.
to **diss** [dɪs] Peace man! I didn't mean to diss ya!	**dissen** Peace, Alter! Ich wollte dich nicht dissen!
dive [daɪv] The place was a real dive.	die **üble Spelunke** Der Laden war `ne üble Spelunke
to **do** [duː] We've been done.	**reinlegen** Man hat uns reingelegt.
to **do in** [duː'ɪn] I'm gonna do you in, mate!	**fertig machen** Dich mach ich fertig, Freundchen!
to **do sb's head in** Her constant bickering does my head in.	**jdn wahnsinnig machen** Ihr ständiges Gemeckere macht mich wahnsinnig.
to **do the dirty on (sb)** My best man did the dirty on me.	**jdn bescheißen** Mein Trauzeuge hat mich beschissen.
doddle ['dɒdl,] Anyone can do it, it's a doddle.	**saueinfach, ein Kinderspiel** Das kann doch jeder, das ist ein Kinderspiel.
dodgy ['dɒdʒi] There's something dodgy about that guy, I don't trust him.	**krumm** Da ist was Krummes an dem Typen, ich trau dem nicht.
dog [dɒg] *pej* His new girlfriend is a total dog.	**voll hässlich** Seine neue ist voll hässlich.
dog breath ['dɒgbreθ] Do something about your dog breath.	der **Mundgulli** Tu was gegen deinen Mundgulli.

	dogsbody ['dɒgzbɒdi] I'm not your dogsbody.	der **DVD, Depp vom Dienst** Ich bin nicht der Depp vom Dienst.
	dog's bollocks [dɒgz'bɒləks] *vulg* My new PC game is the dog's bollocks.	**total genial** Mein neues PC Spiel ist total genial.
	dog's dinner [dɒgz'dɪnəʳ] He made a dog's dinner of his exam.	**versaut** Er hat sein Examen versaut.
	dole [dəʊl] She's on the dole.	die **Stütze** Sie kassiert Stütze.
to	**doll up** [dɒl'ʌp] Why are you getting all dolled up?	**aufpimpen, aufbitchen** Warum pimpst du dich so auf?
	donkeys ['dɒŋkiz] It's been donkeys since I had a good night's sleep.	**ewig** Ich hab schon ewig keine Nacht mehr ausgeschlafen.
	doormat ['dɔːʳmæt] She's a doormat if she takes him back again.	der **DVD, Depp vom Dienst** Sie ist ja wohl der Depp vom Dienst, wenn sie ihn schon wieder zurücknimmt.
	doped-up [dəʊpt'ʌp] He was doped-up, so I took his car keys.	**zugeknallt** Er war zugeknallt, also habe ich ihm den Autoschlüssel weggenommen.
	dosh [dɒʃ] I haven't got any dosh at the moment.	die **Kohle** Ich habe gerade keine Kohle.

doss [dɒs] — das **Kinderspiel**
The maths test was a total doss. — Der Mathetest war ein Kinderspiel.

to **doss around** [dɒsə'raʊnd] — **faul rumhängen**
He spends most of his time dossing around. — Er verbringt die meiste Zeit damit faul rumzuhängen.

dosser ['dɒsəʳ] *pej* — der **Verlierer**, der **faule Hund**
He's a total dosser. — Der ist ein echter Verlierer.

dough [dəʊ] — die **Knete**
Have you got any dough on you? — Hast du Knete bei dir?

down in the dumps [ˌdaʊnɪnðə'dʌmps] — **schlecht drauf**
I'm feeling a little down in the dumps. — Ich bin ein bisschen schlecht drauf.

dozy ['dəʊzi] — **langsam**
She's so dozy sometimes. — Sie ist manchmal so langsam.

drip [drɪp] — die **Flasche**
That drip asked you out? — Diese Flasche will mit dir gehen?

to **drop a log** [ˌdrɒpə'lɒg] *vulg* — **würsteln**
Do open the window if you drop a log! — Wenn du würsteln musst, mach bitte das Fenster auf!

to **drop a sprog** [ˌdrɒpə'sprɒg] — **werfen**
She's let herself go since she dropped her sprog. — Sie hat sich gehen lassen seit sie geworfen hat.

to **drop dead** [drɒp'ded] — **geh zum Teufel**
Drop dead, will you. — Geh doch zum Teufel.

to **drop sb in it** — **jdn reinlegen**
You dropped me in it on purpose! — Du hast mich extra reingelegt!

dude [duːd]
Hey dude, how's it going?

der **Alte(r)**
Hey Alter, wie geht's?

dumb [dʌm]
Despite her Degree, she's so dumb sometimes.

pfostig
Trotz Hochschulabschluss ist sie manchmal ganz schön pfostig.

dumbo ['dʌmbəʊ] *pej*
Dumbo here still hasn't got it.

die **Dumpfbacke**
Dumpfbacke hier hat's immer noch nicht kapiert.

to **dump** [dʌmp]
She dumped him.

Schluss machen
Sie hat mit ihm Schluss gemacht.

dump¹ [dʌmp]
This place is a dump.

die **Bruchbude**
Das ist hier ne Bruchbude.

dump² [dʌmp]
I'm going for a dump.

die **Sitzung**
Ich geh und mach 'ne Sitzung.

dunno [də'nəʊ]
Where's the remote? – Dunno.

KA, keine Ahnung
Wo ist die Fernbedienung? – KA.

durbrain ['dɜːbreɪn] *pej*
You've gone and broken it now, you durbrain!

die **Dumpfbacke**
Jetzt hast du's kaputt gemacht, du Dumpfbacke!

dweeb [dwiːb] *pej*
Some dweeb has left the key in the door.

der **Trottel**
Irgendein Trottel hat den Schlüssel stecken gelassen.

dyke [daɪk] *pej!*
She looks like a dyke.

die **Lesbe**
Sie sieht aus wie 'ne Lesbe.

eager-beaver [ˌiːgəʳ'biːvəʳ]
Aren't you being an eager-beaver!

der **Streber**
Na du bist ja mal ein Streber!

	ear bashing ['ɪəˈˌbæʃɪŋ] She gave me a real ear-bashing.	der **Ärger** Sie hat mich voll zur Sau gemacht.
	eat shit [iːt'ʃɪt] *vulg* Eat shit and die!	**leck mich!** Leck mich doch!
to	**eff off** ['efɒf] He told me to eff off.	**sich verziehen, abschieben** Er sagte, ich solle mich verziehen.
	effing ['efɪŋ] The effing thing wont work.	**bescheuert(e,r), verdammt** Das bescheuerte Teil will nicht funktionieren.
	effing and blinding ['efɪŋənd'blaɪndɪŋ] Stop all this effing and blinding.	das **Schimpfen** Hör auf mit deiner Schimpferei.
to	**throw an eppy** [ˌθrəʊən'epi] He threw an eppy and refused to continue with the interview.	**ausrasten** Er ist voll ausgerastet und hat sich geweigert mit dem Interview weiterzumachen.
to	**eye fuck** ['aɪfʌk] *vulg* That bloke's eye fucking you.	**blickficken** Der Typ blickfickt dich.
	F.A. (Fanny Adams) ['efˌeɪ] Sweet F.A., that's what he gave me!	**einen Dreck** Einen Dreck hat er mir gegeben!
	face like the back of a bus *pej* He's got a face like the back of a bus.	der **Gesichtselfmeter** Der hat ja vielleicht ein Gesichtselfmeter.
to	**be out of one's face** Two pints and he's out of his face!	**Gesichtslähmung haben** Zwei Bier und er hat eine Gesichtslähmung!

to **get out of sb's face**
Get out of my face!
aus jds Augen verschwinden
Verschwinde mir aus den Augen!

to **be off one's face**
One glass of that and you'll be off your face!
hackedicht sein
Ein Glas davon, und du bist hackedicht.

to **put one's face on**
I can't put my face on until I've found my new lipstick
sich anmalen
Ich kann mich nicht anmalen, bevor ich nicht meinen neuen Lippenstift gefunden habe.

to **stuff one's face**
There was a free buffet so we really stuffed our faces!
sich voll stopfen
Es gab ein kostenloses Büffet, also haben wir uns richtig voll gestopft!

to **faff around** [fæfə'raʊnd]
Stop faffing around and get yourself dressed.
rummachen
Hör auf hier rumzumachen und zieh dich an.

fag[1] [fæg]
I need to buy some more fags.
die **Kippe**, die **Zigarette**
Ich muss Zigaretten kaufen.

fag[2] [fæg] *pej!*
I think he's a fag.
die **Schwuchtel**
Ich glaub, der ist 'ne Schwuchtel.

fanny ['fæni]
She's shaved her fanny.
die **Muschi**
Sie hat sich die Muschi rasiert.

fart [fɑːt]
It smells like a fart.
der **Furz**
Das riecht nach einem Furz.

to **fart** [fɑːt]
Someone's just farted.
furzen
Jemand hat gerade gefurzt.

to **fart around** [fɑːtə'raʊnd]
Stop farting around and get on with your homework.
rummachen
Hör auf hier rumzumachen und mach deine Hausaufgaben.

fat chance ['fætʃɑːn(t)s] So do you think you'll get the job? – Fat chance!	**nie im Leben** Und, glaubst du, du kriegst den Job? – Nie im Leben!
fit[1] [fɪt] My mum will have a fit if she finds out.	der **Anfall** Meine Mutter wird 'nen Anfall kriegen, wenn sie das erfährt.
fit[2] [fɪt] She's well fit!	**schnuckelig** Die ist verdammt schnuckelig!
flaming ['fleɪmɪŋ] Her voice was flaming awful.	**verdammte(r, s)** Ihre Stimme war verdammt schrecklich.
to **flip** [flɪp] She'll flit when she finds out.	**ausflippen, ausrasten** Sie wird ausflippen, wenn sie's erfährt.
flipping ['flɪpɪŋ] I couldn't understand a flipping word he said.	**verdammte(r, s)** Ich hab kein einziges verdammtes Wort verstanden.
flipping heck! ['flɪpɪŋ,hek] He's just won the lottery! – Flipping heck!	**Ach du Scheiße!** Er hat gerade im Lotto gewonnen! – Ach du Scheiße!
to **flog** [flɒg] Paul wants to flog off his car.	**andrehen, verramschen** Paul will sein Auto verramschen.
floozie ['fluːzi] *pej* I'd keep away from that floozie.	die **Tussi** Ich würde mich von der Tussi fernhalten.
to **flunk** [flʌŋk] I flunked my French exam.	**durchrasseln** Ich bin durch das Französischexamen durchgerasselt.

to **not have the foggiest** I haven't the foggiest idea where she is.	**KA, keine Ahnung** Keine Ahnung, wo sie steckt.
fo sho [fə'ʃəʊ] Will you be there? – Fo sho!	**fjedn (auf jeden Fall), klaro** Wirst du da sein? – Fjedn!
footie ['fʊti] Shall we play a game of footie?	der **Kick** Wollen wir 'ne Runde kicken?
for crying out loud! [fəʳ'kraɪɪŋaʊt'laʊd] For crying out loud, who nicked my chair?	**verdammt noch mal!** Verdammt noch mal, wer hat meinen Stuhl geklaut?
for fucksake! [fəʳ'fʌkˌseɪk] *vulg* It wasn't me, for fucksake!	**verdammt noch mal** Ich war's nicht, verdammt noch mal!
fork out [fɔːk'aʊt] How much did you fork out on that then?	**blechen; hinblättern** Und, was hast du dafür hingeblättert?
to **freak out** [friːk'aʊt] Your dad will freak out if he sees you here.	**ausflippen, ausrasten** Dein Vater wird ausrasten, wenn er dich hier sieht.
freeloader ['friːləʊdəʳ] I can't stand freeloaders like him.	der **Schnorrbert**, der **Schnorrer** Schnorrer wie ihn kann ich nicht ausstehen.
frigging ['frɪgɪŋ] The frigging car is broken again.	**bescheuerte(r, s), verdammte(r, s)** Das bescheuerte Auto ist schon wieder kaputt.
from hell [frəm'hel] She's the Sister/Neighbour etc. from hell.	**nervig** Sie ist voll die nervige Schwester/Nachbarin.

fruitcake ['fruːtkeɪk] *pej*
She's a bit of a fruitcake, into astrology and stuff like that.

der **Spinner**, die **Spinnerin**
Sie ist ein bisschen abgespaced, fährt auf Astrologie und so was ab.

to **fuck**[1] [fʌk] *vulg*
He'll fuck anything in a skirt.

ficken, bumsen
Der fickt doch alles was bei drei nicht auf den Bäumen ist.

to **fuck**[2] [fʌk] *vulg*
I've fucked my knee.

versauen, am Arsch kriegen
Mein Knie ist am Arsch.

fuck[1] [fʌk] *vulg!*
Do you fancy a quick fuck?

der **Fick**
Hast du Lust auf einen schnellen Fick?

fuck[2] [fʌk] *vulg!, pej*
That stupid fuck's just taken my parking space.

der **Arsch**
Der blöde Arsch da hat gerade meinen Parkplatz wegge-schnappt.

fuck[3] [fʌk] *vulg!*
Yeah, she's a good fuck I sup-pose.

der **Fick** *(Person)*
Ja, sie ist schon ein guter Fick.

. . . the fuck [ðə'fʌk] *vulg*
Where the fuck is John?

. . . zum Teufel
Wo zum Teufel steckt John?

fuck! [fʌk] *vulg*
Fuck! This cash machine's out of order.

(Ach du) Scheiße!
Scheiße, dieser Geldautomat ist außer Betrieb

flying fuck ['flaɪɪŋˌfʌk] *vulg*
I don't give a flying fuck.

rille
Das ist mir rille.

fuckable ['fʌkəbl̩] *vulg!*
She's extremely fuckable, I'd say.

zum Ficken scharf
Die würd' ich sofort ficken wollen.

fuck-all ['fʌk,ɒːl] *vulg!* There was fuck-all left, when I got there.	**'nen Scheißdreck** 'Nen Scheißdreck war noch übrig, als ich ankam.
to **fuck around** [fʌkə'raʊnd] *vulg* Don't fuck around with me, Mr.	**verarschen** Verarsch mich nicht, Freundchen.
fuck buddy ['fʌkbʌdi] *vulg* They're just fuck buddies.	die **Fickbeziehung** Es ist nur 'ne Fickbeziehung.
fucked [fʌkt] *vulg* The cops are coming, we're fucked!	**gefickt** Die Bullen kommen, wir sind gefickt!
not be fucked *vulg* I can't be fucked going to the party tonight.	**kein Bock haben** Ich hab kein Bock, heute Abend auf die Party zu gehen.
fucked off ['fʌktɒf] *vulg* I'm really fucked off with him now.	**scheißwütend** Jetzt bin ich scheißwütend auf ihn.
fucked up ['fʌktʌp] *vulg* He had a fucked-up childhood.	**verkorkst** Der hatte 'ne völlig verkorkste Kindheit.
fucking ['fʌkɪŋ] *vulg!* That fucking idiot deserved a black eye.	**verdammt, verkackt** Dieser verdammte Kerl hat sein blaues Auge verdient.
fucking hell! ['fʌkɪŋ,hel] *vulg* Hey guys, I'm getting married next month! – Fucking hell!	**Ach du Scheiße!** Hey Leute, ich heirate nächsten Monat! – Ach du Scheiße!
fuck it! ['fʌkɪt] *vulg* That was the last bus. – Fuck it, we'll walk.	**verdammte Scheiße; scheiß drauf** Das war der letzte Bus. – Scheiß drauf, wir laufen.

fuck me! [ˈfʌkmiː] *vulg*
Fuck me! Did you see that?

Ach du Scheiße!
Ach du Scheiße! Hast du das gesehen?

to **fuck off** [ˈfʌkɒf] *vulg!*
Fuck off you bastard!

sich verpissen, verficken
Verfick dich bloß, du Arsch!

to **fuck off somewhere** *vulg*
Bob felt sick and fucked off home straight after dinner.

sich aus dem Staub machen
Bob ging's nicht gut und hat sich direkt nach dem Essen aus dem Staub gemacht.

to **fuck sb off** *vulg*
I wouldn't fuck that guy off if I was you.

jdn anscheißen
Wenn ich du wäre, würde ich den Typen nicht anscheißen wollen.

fuck-off [ˈfʌkɒf] *vulg*
This big fuck-off bloke came up to me and pushed me.

Riesen-
So ein Riesentyp ist auf mich zugekommen und hat mich geschubst.

to **fuck up** [ˈfʌkʌp] *vulg*
I've really fucked up now.

versauen; Kacke bauen
Jetzt hab' ich alles versaut.

fuck-up [ˈfʌkʌp] *vulg*
His first attempt was a total fuck-up.

der **Bockmist**, die **Kacke**
Bei seinem ersten Versuch hat er totalen Bockmist gebaut.

fuckwit [fʌkwɪt] *vulg, pej*
Hey, you fuckwit, who asked you?

der **Nullchecker**
He du Nullchecker, wer hat dich gefragt?

to **fuck with** [ˈfʌkˌwɪθ] *vulg*
Don't fuck with me!

anfucken, anficken
Fick mich ja nicht an!

fuck you! [ˈfʌkˌjuː] *vulg*
Fuck you! – Fuck you too!

fick dich!
Fick dich! – Fick dich selber!

full Monty [fʊl'mɒnti] — **die ganze Sache, absolut alles**
Do you just want your eyebrows plucked or shall we do the full Monty? — Sollen wir nur die Augenbrauen zupfen oder wollen Sie das ganze Programm?

full of shit ['fʊləvʃɪt] *vulg* — **redet nur Scheiß**
She's just full of shit. — Die redet bloß 'nen Scheiß.

funky ['fʌŋki] — **cool, funky**
I've bought a funky new hand-held. — Ich hab mir einen coolen neuen Handheld gekauft.

funny farm ['fʌnifɑːm] *pej* — die **Klappse**
I'll be checked into the funny farm soon, if this doesn't stop. — Ich werde bald in die Klappse eingewiesen, wenn das hier nicht aufhört.

to **be on the game** — **anschaffen gehen**
Tracy's on the game to pay for her habit. — Tracy geht anschaffen um ihre Sucht zu finanzieren.

geek [giːk] *pej* — der **Stiesel**
You look like a geek in those glasses. — Mit der Brille siehst du aus wie ein Stiesel.

geezer ['giːzəʳ] — der **Typ**
Those geezers over there are looking for trouble. — Die Typen da vorne suchen wohl Ärger.

to **get** [get] — **kapieren, rallen**
I just don't get it. — Ich kapier's einfach nicht.

get a life! [getə'laɪf] — **spieß nicht rum!**
We shouldn't be doing this! – Get a life! — Wir sollten das nicht tun! – Spieß nicht rum!

get a load of that! [getəˌləʊdəvˈðæt]	**das ist ja der Hammer!**
We've won all three races! – Get a load of that!	Wir haben alle drei Rennen gewonnen! – Das ist ja der Hammer!
to **get done for sth**	**für etwas verknackt werden**
I got done for breaking and entering.	Mich haben sie für Hausfriedensbruch verknackt.
to **get down** [getˈdaʊn]	**abtanzen**
Come on, let's get down!	Komm, lass uns abtanzen!
to **get going** [getˈgəʊɪŋ]	**in Fahrt bringen**
High heels really get me going.	Stöckelschuhe bringen mich erst richtig in Fahrt.
to **get in there** [getˈɪnðəʳ]	**rangehen**
Go on, get in there!	Jetzt geh mal ordentlich ran!
to **get lost** [getˈlɒst]	**hau ab!; vergiss es**
Fancy a snog? – Get lost!	Wollen wir knutschen? – Vergiss es!
to **get off on** [getˈɒfɒn]	**voll geil finden, abfahren auf**
He get's off on all that sci-fi stuff.	Der fährt voll ab auf dieses Sci-Fi Zeugs.
to **get off with** [getˈɒfwɪθ]	**rumknutschen mit**
Who did you get off with last night?	Mit wem hast du gestern Abend rumgeknutscht?
get this [getˈðɪs]	**ich glaub's nicht**
Get this: Alex is preggers!	Ich glaub's ja nicht: Alex ist schwanger!
ginormous [ʤaɪˈnɔːməs]	**megagroß**
They live in a ginormous mansion.	Sie wohnen in einer megagroßen Villa.

git [gɪt] — der **Blödmann**
He can be such a git sometimes. — Er kann manchmal so ein Blödmann sein.

Glasgow kiss ['glɑːzgəʊˌkɪs] — die **Kopfnuss**
He grabbed me and gave me a Glasgow kiss. — Er hat mich gepackt und mir 'ne Kopfnuss gegeben.

to **go** [gəʊ] — **meinen**
I asked him and he just went: "Yeh, alright." — Ich hab ihn gefragt und er meinte nur: „Also gut."

go [gəʊ] — die **Runtermache**
She's constantly having a go at him. — Sie macht ihn ständig runter.

gob [gɒb] — das **Maul**
Shut your gob! — Halt's Maul!

gobshite ['gɒbʃaɪt] *pej* — der **Affe**, der **Arsch**
That gobshite's nicked my seat. — Der Affe da hat meinen Platz geklaut.

gobsmacked ['gɒbsmækt] — **geplättet**
I was gobsmacked when I heard. — Ich war ganz schön geplättet, als ich davon erfuhr.

goolies ['guːliz] — **Weichteile**
They've got me by the goolies. — Sie haben mich ganz schön in der Zange.

gormless ['gɔːmləs] — **blöd, pfostig**
Stop that gormless grinning! — Hör auf so blöd zu grinsen!

to **grass** [grɑːs] — **singen**
Someone must have grassed. — Jemand hat wohl gesungen.

to **grass up** ['grɑːsʌp] — **verpfeifen**
Did you grass me up? — Hast du mich verpfiffen?

to **grooch** [gruːtʃ]
Dave grooched me in the chatroom yesterday.

gruscheln
Dave hat mich gestern im Chat gegruschelt.

groovy ['gruːvi]
That's a groovy pair of baggies you've got there.

fetzig
Das sind aber fetzige Baggies, die du da hast.

gross [grəʊs]
It made a gross mess.

ekelhaft; , die **Moppelkotze**
Das machte eine ekelhafte Sauerei.

gross! [grəʊs]
Gross! I'm not eating that!

würg!
Würg! Das esse ich nicht!

to **gross out** ['grəʊsaʊt]
The smell totally grossed me out.

anwidern, abstellen
Der Gestank hat mich voll angewidert.

grotty ['grɒti]
The rooms there were pretty grotty.

grottig; dreckig
Die Zimmer dort waren ganz schön dreckig.

grub [grʌb]
Come on, grub's up!

die **Mampfe**
Kommt her, es gibt Mampfe!

gutted ['gʌtɪd]
I was gutted when I found out.

am Boden
Ich war am Boden als ich es herausfand.

hacked off [hækt'ɒf]
She's hacked off at me for something.

sauer
Sie ist sauer auf mich wegen irgendwas.

hag [hæg]
He's married to a real hag.

die **Vogelscheuche**
Er ist mit 'ner richtigen Vogelscheuche verheiratet.

keep your hair on [ˌkiːpjʊəˈheəˈɒn]
I'm going to kill him! – Keep your hair on!

mach mal halblang, beruhige dich
Ich bring ihn um! – Jetzt mach mal halblang!

that'll put hairs on your chest [ˈðætəlpʊtˌheəˈzɒnjʊəˈˌtʃest]
Have the vindaloo – that'll put hairs on your chest!

der hat's ganz schön in sich
Nimm das Vindaloo – das hat's ganz schön in sich!

hairy [ˈheəri]
It was a hairy situation.

haarig
Es war 'ne haarige Situation.

hairy eyeball [ˌheəriˈaɪbɔːl]
He was giving me a hairy eyeball.

böser Blick
Er warf mir einen bösen Blick zu.

half-arsed [ˈhɑːfɑːst]
I made a half-arsed attempt at starting my essay.

halbherzig
Ich startete einen halbherzigen Versuch, meinen Aufsatz zu schreiben.

hammered [ˈhæməd]
We got hammered last night.

ralle, hackedicht
Wir waren gestern Abend hackedicht.

to **hang**[1] [hæŋ]
She hangs with a group of punks.

hängen
Sie hängt mit ein paar Punks.

to **hang**[2] [hæŋ]
Hey dude, how's it hanging?

(ab)gehen
Hey Kumpel, was geht?

to **hang out** [ˈhæŋaʊt]
We hung out at Dave's place afterwards.

abhängen
Anschließend haben wir bei Dave abgehangen.

not a happy camper ['nɒtəˌhæpiˌkæmpəʳ]
Jules is not a happy camper. She's been kicked out of the team.

nicht gerade aus dem Häuschen; verärgert
Jules ist nicht gerade aus dem Häuschen. Sie wude aus dem Team rausgekickt.

hassle ['hæsl̩]
Don't give me any hassle now.

der **Ärger**
Gib mir jetzt kein Ärger.

to **have it in for** [hævɪt'ɪnfɔːʳ]
My boss has it in for me.

auf dem Kieker haben
Mein Chef hat mich auf dem Kieker.

to **have it off** [hævɪt'ɒf]
They were having it off in the toilets.

es treiben
Sie haben es auf dem Klo getrieben.

to **have on** [hæv'ɒn]
You're having me on!

auf den Arm nehmen
Du nimmst mich wohl auf den Arm!

have one's head up one's arse *vulg*
He's got his head up his arse.

ein Arsch mit Ohren sein
Das ist ein Arsch mit Ohren.

to **be off one's head**
What, he dumped her?! He must be off his head!

nicht ganz dicht sein
Was, er hat sie sitzen lassen?! Er kann nicht ganz dicht sein!

to **be out of one's head**
You can't drive, you're out of your head!

breit sein
Du kannst nicht mehr fahren, du bist doch völlig breit!

to **get out of one's head**
Did you get out of your head again last night?

sich volllaufen lassen, sich abschädeln
Hast du dich gestern Abend wieder abgeschädelt?

Wendungen mit hell

Bloody hell!	Verdammt nochmal!
It hurts like hell.	Es tut saumäßig weh.
I feel like hell.	Mir geht's richtig übel.
She's got a new guy. – Has she hell!	Sie hat 'nen Neuen. – Von wegen!
He's a hell of a guy	Das ist ein toller Kerl.
That's a hell of a lot.	Das ist ja jede Menge.
I had a hell of a job doing that.	Das war echt schwierig
It's cold as hell.	Es ist höllisch kalt.
It was big as hell.	Es war wahnsinnig groß.
What the hell are you doing?	Was zum Teufel tust du da?
It bores the hell out of me.	Das langweilt mich zu Tode.
They beat the hell out of the other team.	Sie haben das andere Team in die Pfanne gehauen.
Let's get the hell out of here!	Lass uns abhauen!
I hope to hell that it's over soon.	Hoffentlich ist das bald vorbei.

to **want one's head looking at** — **jd ist nicht ganz dicht**

If you buy that you really want your head looking at. — Wenn du das kaufst, bist du wirklich nicht ganz dicht.

to **give hell** — **zur Schnecke machen**

My mum gave me hell for coming home late. — Meine Mutter hat mich zur Schnecke gemacht weil ich zu spät nach Hause kam.

hell no! [ˈhelnəʊ] — **auf keinsten**

Can I borrow your motorbike? – Hell no! — Kann ich dein Motorrad borgen? – Auf keinsten!

to hell with ... [təˈhelwɪθ] — **zum Teufel mit ...**

To hell with what he says; I'm gonna enjoy myself! — Zum Teufel damit, was er sagt. Ich werde mich amüsieren!

oh hell! [oʊ'hel]
Oh hell! I'm gonna be late again!

(so ein) Mist!
Mist! Ich werde wieder zu spät kommen!

what the hell, … [ˌ(h)wɒtðə'hel]
Oh what the hell, let's go and get a drink!

was soll's
Ach was soll's, lass uns etwas trinken gehen.

hen [hen]
Hello hen, how're you?

die **Süße**
Hallo Süße, wie geht's?

her indoors [ˌhɜːʳˌɪn'dɔːz]
I'd better not or I'll have trouble with her indoors.

die **Alte**, die **bessere Hälfte**
Lieber nicht, sonst krieg ich Ärger mit meiner besseren Hälfte.

high [haɪ]
She was high as a kite.

high
Sie war total high.

to **take a hike** [teɪkə'haɪk]
I wish he'd go and take a hike!

(sich) weghängen
Ich wünschte, er würde sich weghängen!

hissy fit ['hɪsiˌfɪt]
She had a hissy fit when I told her.

der **Ausraster**
Sie ist voll ausgerastet, als ich ihr davon erzählt hab'.

hit [hɪt]
Give us a quick hit.

der **Zug an der Zigarette**
Gib mir mal 'nen Zug.

to **hit** [hɪt]
Let's hit the town.

unsicher machen
Lass uns die Stadt unsicher machen!

to **hit on sb**
He hit on me at the office party.

jdn anbaggern
Er hat mich auf der Bürofete angebaggert.

to **hit the road** [ˌhɪtðə'rəʊd]
I have to hit the road.

den Abflug machen
Ich muss den Abflug machen.

to **hit the sack** [ˌhɪtðə'sæk] — **pofen**

I'm going to hit the sack soon. — Ich geh bald pofen.

to **hit the spot** [ˌhɪtðə'spɒt] — **es voll bringen, genau das Richtige sein**

That'll just about hit the spot! — Das war jetzt genau das Richtige.

ho [həʊ] *pej* — die **Schlampe**

She's a ho. — Sie ist 'ne Schlampe.

hog [hɒg] — das **Schwein**

You're eating like a hog. — Du frisst wie ein Schwein.

to **hog** [hɒg] — **in Beschlag haben**

He's been hogging the computer all afternoon. — Der hat den Computer schon den ganzen Tag in Beschlag gehabt.

hole [həʊl] — das **Loch**

I can't wait to get out of this hole. — Ich kann's kaum abwarten aus diesem (Drecks-)Loch rauszukommen.

hols [hɒlz] — der **Urlaub**

How was your hols? — Wie war dein Urlaub?

homeboy, homey ['həʊmbɔɪ, 'həʊmi] — der **Kumpel**, der **Homie**

Hey, homeboy, how's it going? — Hey Homie, wie geht's?

honk [hɒŋk] — **stinken**

It honks of cheese in here! — Es stinkt nach Käse hier!

hood [hʊd] — die **Nachbarschaft**, der **Hood**

This goes out to my homies in the hood. — Der geht an meine Homies im Hood.

hoo-ha ['huːhɑː] — der **Wirbel**, der **Tamtam**

What a load of hoo-ha over nothing! — Was für ein Tamtam wegen nichts!

hooked [hʊkt]	**süchtig; an der Nadel hängen**
One try of this chocolate and you're hooked!	Probiere einmal diese Schokolade und du wirst süchtig!
horn [hɔːn]	der **Ständer**
It gives me the horn, when you do that.	Das macht mich ganz geil wenn du das tust.
horny ['hɔːni]	**juckig**
Come on, I'm feeling horny.	Komm her, ich bin juckig.
hot [hɒt]	**heiß, stark**
Those are what I call hot boots!	Das sind ja mal heiße Stiefel!
be hot on sb	**es voll draufhaben mit jdn**
I think he's hot on Polly.	Ich glaub, der hat's voll drauf mit Polly.
hot air [hɒt'eəʳ]	**Mist, leeres Zeug**
A lot of what he says is hot air.	Der redet viel leeres Zeug.
hot to trot ['hɒtəˌtrɒt]	**geil**
She's looking hot to trot.	Sie sieht voll geil aus.
hots [hɒts]	
I've got the hots for you.	Ich steh auf dich.
hottie ['hɒti]	die **Schleckrosine**, der **Schmacko**
The new guy's a real hottie.	Der Neue ist'n echter Schmacko.
howler ['haʊləʳ]	der **Schnitzer**
He made a howler.	Er hat einen Schnitzer gemacht.
huff [hʌf]	**stinkig sein**
Why are you in a huff?	Warum bist du stinkig?
humongous [hjuː'mʌngəs]	**riesenmäßig, megagroß**
A humongous dog came up to us.	Ein riesengroßer Hund kam auf uns zu.

hunk [hʌŋk] What a hunk!	die **Sahneschnitte**, der **Traumkerl** Was für ein Traumkerl!
hunky ['hʌŋki] He's pretty hunky.	*(Mann:)* **scharf** Der ist ganz schön scharf.
hunky-dory [ˌhʌŋki'dɔːri] How's your project going? – Oh, all hunky-dory, thanks!	**alles in Butter** Wie läuft's bei deinem Projekt? – Ach, alles in Butter, danke!
to **hurl** [hɜːl] Lentil soup makes me want to hurl.	**Krümelhusten haben, kotzen** göbeln Wenn ich Linsensuppe sehe, könnte ich kotzen.
to **hustle** ['hʌsl̩] Are you hustling, or what?	**krumme Dinger drehen** Drehst du krumme Dinger, oder was?
hyped up [ˌhaɪpt'ʌp] She's getting all hyped up about the wedding.	**aus dem Häuschen, aufgedreht** Sie gerät völlig aus dem Häuschen mit dieser Hochzeit.
hyper ['haɪpəʳ] The kids were totally hyper.	**aufgedreht** Die Kids waren total aufgedreht.
in [ɪn] The wine bar is the new in-place at the moment.	**angesagt** Die Weinbar ist gerade das angesagteste Lokal.
in a bit [ɪnə'bɪt] See you in a bit!	**später** Bis später!
in for it ['ɪnfəʳɪt] You're in for it now!	**Ärger kriegen** Jetzt kriegst du aber Ärger!
innit ['ɪnɪt] That's so cool, innit?	**wa** Das ist echt cool, wa?

item ['aɪtəm] So, are you two an item then?	das **Paar** Und, seid ihr nun ein Paar?
jab [dʒæb] Did you get your flu jab yet?	die **Impfung** Hast du schon die Grippeimpfung machen lassen?
jack all ['dʒækɒːl] There's jack all wrong with it.	**nichts** Da ist überhaupt nichts dran!
jammy ['dʒæmi] That's jammy!	**glücklich** Da hast du aber Glück gehabt!
jammy bitch ['dʒæmi,bɪtʃ] Aren't I a jammy bitch!	der **Glückspilz** Bin ich nicht ein Glückspilz!
job, jobby [dʒɒb, dʒɒbi] I'm going for a jobby.	die **Sitzung** Ich geh und mach 'ne Sitzung.
Jock [dʒɒk] *pej* He's a tight-arsed jock.	der **Schotte**, die **Schottin** Er ist ein geiziger Schotte.
jugs [dʒʌgz] She's got great jugs.	**Möpse** Sie hat tolle Möpse.
K [keɪ] I paid about ten K for it.	**tausend** Ich hab ca. zehn tausend dafür gezahlt.
ker-ching! [kɜː'tʃɪŋ] Looks like I might be getting a pay rise – ker-ching!	*(Geräusch von klingelnder Kasse)* Sieht aus, als würde ich bald ne Gehaltserhöhung bekommen – da höre ich die Kasse klingeln!
to **kick** [kɪk] Have you kicked the habit yet?	**aufgeben** Hast du schon das Rauchen aufgegeben?

to **kick it** ['kɪkɪt]
I think he's kicked it.

ins Grass beißen, den Löffel abgeben
Ich glaub, der hat den Löffel abgegeben.

to **kick off** ['kɪkɒf]
The meeting kicked off with a welcoming speech.

starten
Das Meeting startete mit einer Willkommensrede.

kickin' ['kɪkɪn]
The club was kickin last night.

megageil, der Hammer
Es war megageil im Club gestern.

no kidding?/! [nəʊ'kɪdɪŋ]
Kevin's been thrown out! – No kidding?

Im Ernst?/!
Kevin ist rausgekickt worden! – Im Ernst?

kip [kɪp]
I'm going for a kip.

das **Schläfchen**
Ich halt ‚n Schläfchen.

to **kip** [kɪp]
He kipped on my floor.

pofen
Er hat bei mir auf dem Boden gepoft.

kit [kɪt]
Get your kit off!

Hüllen
Lass die Hüllen fallen!

to **knacker** ['nækəʳ]
I've knackered my notebook.

kaputt machen
Ich habe mein Laptop kaputt gemacht.

knackered ['nækəd]
You look knackered – why not go for a kip?

fix und fertig, kaputt
Du siehst kaputt aus – leg dich doch auf's Ohr.

knackering ['nækᵊrɪŋ]
The night shift is always knackering.

sauanstrengend
Der Nachtdienst ist immer sauanstrengend.

knob[1] [nɒb] *vulg* Put your knob away, will you!	der **Schwanz** Steck bitte deinen Schwanz wieder weg!
knob[2] [nɒb] *pej* Some knob has left the lights on all night.	der **Vollidiot** Irgendein Vollidiot hat übernacht das Licht angelassen.
knob-head ['nɒbhed] *pej* Don't be such a knob-head!	der **Horst**, der **Vollidiot** Sei kein Horst!
to **knock back** [nɒk'bæk] I asked her out but she knocked me back.	**abblitzen lassen** Ich habe sie gefragt, ob sie mit mir gehen will aber sie hat mich abblitzen lassen.
knock it off ['nɒkɪtˌɒf] Knock it off or I'll tell your dad!	**hör auf damit** Hör auf damit, sonst sag' ich's deinem Vater!
to **knock up** [nɒk'ʌp] I knocked up my girlfriend.	**ein Kind machen** Ich hab' meiner Freundin ein Kind gemacht.
knocked up [nɒkt'ʌp] She's knocked up by some creep.	**schwanger** Sie ist von so einem Kotzbrocken schwanger.
lad [læd] Her new man is a real lad.	der **Draufgänger**, der **Macho** Ihr Neuer ist ein echter Macho.
laddish ['lædɪʃ] He get's all laddish when he's with the boys.	**draufgängerisch** **machomäßig** Er benimmt sich total machomäßig wenn er sich mit den Jungs trifft.
lager lout ['lɑːgəˈlaʊt] The place was full of lager louts.	der **Rowdy** Der Laden war voller betrunkener Rowdies.

Ladette

Eine *ladette* ist im britischen Slang der weibliche, stereotype Äquivalent zum *lad*, dem Macho. *Ladettes* besitzen demnach ähnliche „machomäßige“ Charaktereigenschaften, wie etwa Dreistigkeit, lautes Benehmen, Sexismus gegenüber Männern und eine Vorliebe für Alkohol und schnelle Autos. Die „weiblichen Vorzüge“ werden dabei trotzdem gerne auf kokette Art eingesetzt.

Larry ['læri] — **Wayne**
Go and tell Larry! — Wayne interessiert es?

later ['leɪtə'] — **bis denne!**
Later dude! — Bis denne, Kumpel!

lay [leɪ] — **flachlegen**
Did you get laid last night then? — Und, hast du gestern eine flachgelegt?

leak [liːk] — **schiffen**
I'm going to take a leak. — Ich geh mal schiffen.

leave it out! ['liːvɪtaʊt] — **lass es sein!**
Come on, leave it out! — Komm, lass es sein!

lefty ['lefti] *pej* — der **Linke(r)**, die **Linke**
Those lefties think money grows on trees. — Diese Linken glauben doch, das Geld wächst auf den Bäumen.

to **leg it** ['legɪt] — **abhauen, die Fliege machen**
We heard the police siren and legged it. — Wir haben die Polizeisirene gehört und sind abgehauen.

legit [lə'dʒɪt] — **legal**
Are you sure it's legit? — Bist du dir sicher, dass das legal ist?

legless ['legləs]	**blau**
He was totally legless.	Der war total blau.
leg-over ['legəʊvəʳ]	die **Nummer**
Did you get your leg-over last night?	Hast du gestern 'ne Nummer geschoben?
to **let (one) rip** [let(wʌn)'rɪp]	**Analhusten haben**
Someone just let rip.	Jemand hatte gerade Analhusten.
lights are on but no-one's home	**bewölkt; mit den Gedanken woanders**
You won't get an answer from John right now. Lights are on but no-one's home.	Von John bekommst du gerade keine Antwort. Der ist mit den Gedanken woanders.
like a blue arsed fly [...'bluːɑːstˌflaɪ]	**wie ein Bekloppter / eine Bekloppte**
I've been racing around all day like a blue-arsed fly.	Ich bin den ganzen Tag wie 'ne Bekloppte durch die Gegend gerast.
like a hole in the head [... ˌhəʊlɪnðə'hed]	**wie Kopfweh**
Right now I need a man like a hole in the head.	Einen Mann kann ich jetzt gebrauchen wie Kopfweh.
like a pig in shit [... 'pɪgɪnˌʃɪt]	**pudelwohl**
He's like a pig in shit.	Er fühlt sich pudelwohl.
like hell [laɪk'hel]	**von wegen! den Teufel**
I'm coming too! – Like hell you are!	Ich komme mit! – Den Teufel wirst du tun!
like it or lump it ['laɪkɪtɔːʳ'lʌmpɪt]	**ob's dir passt oder nicht**
You're a mum now – like it or lump it!	Du bist jetzt Mutter – ob's dir passt oder nicht!

a load of ...

Der Präfix *a load of ...* wirkt allgemein intensivierend in abwertenden Wendungen wie *a load of shit, a load of (old) bollocks, a load of toss.*

lippy[1] ['lɪpi] — **frech**
Don't get lippy with me, little Missy! — Werd mir bloß nicht frech, du kleines Luder!

lippy[2] ['lɪpi] — der **Schmatzerlack**
Wait till I get my lippy on. — Warte, ich muss noch Schmatzerlack auftragen.

loaded ['ləʊdɪd] — **megareich**
They must be absolutely loaded. — Die müssen ja megareich sein.

loo [luː] — das **Klo**
I'm off to the loo. — Ich geh mal auf's Klo.

to **look like death warmed up** — **aussehen, wie eine Leiche auf Urlaub**
Why don't you go home, you look like death warmed up! — Geh doch nach Hause, du siehst ja aus wie 'ne Leiche auf Urlaub!

to **look like something the cat brought in** — **wie gerädert aussehen**
What's wrong with him? He looks like something the cat's brought in. — Was hat er? Er sieht wie gerädert aus.

loony ['luːni] *pej* — der **Irre(r)**, die **Irre; verrückt**
My loony aunt left everything to her cat. — Meine verrückte Tante hat alles ihrer Katze hinterlassen.

loony bin ['luːnibɪn] *pej* — **Klappsmühle**, die **Klappse**
I'm going to end up in the loony bin if I carry on like this. — Wenn ich so weitermache, ende ich in der Klappse.

loopy ['lu:pi] – **verrückt, durchgedreht**
She's going a bit loopy in her old age.
Sie dreht ein bisschen durch im fortgeschrittenen Alter.

Lord / Lady Muck [lɔ:d-/ˌleɪdi 'mʊk] – **Graf / Gräfin Koks (von der Gasanstalt)**
Oh look, here come Lord and Lady Muck in their rented BMW!
Schau her, da kommen Graf und Gräfin Koks mit ihrem geliehenen BMW!

to **lose it** ['lu:zɪt] – **durchdrehen**
He's totally lost it.
Er ist total durchgedreht.

to **lose one's marbles** – **nicht mehr alle Tassen im Schrank haben**
Oh dear, I think she's lost her marbles.
Oh je, ich glaub', die hat nicht mehr alle Tassen im Schrank.

to **lose one's rag** – **abdrehen, ausrasten**
Keep out of Jane's way when she's losing her rag, it could be lethal!
Geh Jane lieber aus dem Weg wenn sie abdreht, das könnte tödlich werden!

to **lose the plot** – **abdrehen; den Faden verlieren**
I must have lost the plot somewhere, I don't understand what's going on.
Ich glaub, ich hab' den Faden verloren, ich verstehe nicht was los ist.

loser ['lu:zəʳ] *pej* – die **Lusche**, der **Loser**
He's acting like a real loser.
Er benimmt sich wie 'ne echte Lusche.

lounge lizard ['laʊndʒˌlɪzəd] – der **Salonlöwe**, die **Salonlöwin**
It's a perfect bar for lounge lizards like me.
Es ist die perfekte Bar für Salonlöwen wie mich.

lousy ['laʊzi] – **lausig, poplig**
I earned a lousy 20 Pounds for standing around for three hours!
Für drei Stunden Herumstehen hab' ich poplige 20 Pfund verdient.

love handles ['lʌvˌhændlˌz]
It's time I lost my love handles.

Speckröllchen, der **Rettungsring**
Es wird Zeit, meinen Rettungsring loszuwerden

loved up [lʌvd'ʌp]
Suzy and John have been loved up for a while.

verknallt
Suzy und John sind schon eine ganze Weile verknallt.

lovely-jubbly ['lʌvliˌdʒʌblˌi]
Ah, lovely-jubbly, that's me finished!

supidupi
Ah supidupi! Ich wäre dann mal fertig!

to **lump it** ['lʌmpɪt]
You'll just have to lump it for now.

da durch müssen; sich abfinden
Da musst du jetzt einfach durch.

lunchbox ['lʌn(t)ʃbɒks]
Oh-er, Look at the size of his lunchbox!

das **Paket**
Oh-ho, sieh dir mal sein Paket an!

lurgy ['lɜːgi]
Where's Polly? – Oh, she's down with the dreaded lurgy.

die **(Schnodder-)Seuche**
Wo ist Polly? – Ach, sie hat die Seuche abbekommen.

lush [lʌʃ]
Try that chocolate cake, it's absolutely lush!

massiv vierlagig; superlecker
Probier' mal diesen Schokoladenkuchen, der ist so was von superlecker!

Lurve

Man kann das Wort *lurve* jederzeit anstelle von *love* nehmen, wenn man „Liebe" oder „lieben" besonders betonen möchte: „Hey man, I don't just love her, I *lurve* her!" oder „I think I've fallen in *lurve*"; oder wenn man humorvoll vom Lieben spricht: „I *lurve* ya too, hunny-bun!" oder „I *lurve* your new jacket!". Dabei wird das Wort etwas übertrieben betont ausgesprochen.

Maccy D's [mæki'di:z] — **McDoof; Mackes**
Let's grab a Maccy D's for lunch. — Lass uns zu Mittag 'n McDoof einwerfen.

mad for it ['mædfə'ɪt] — **voll dabei**
She was mad for it – she was shaking her thang all night! — Sie war voll dabei – sie hat die ganze Nacht abgetanzt.

mad keen [mæd'ki:n] — **voll abfahren auf**
He's mad keen on football. — Der fährt voll auf Fußball ab.

magic ['mædʒɪk] — **supi, super**
Here's the report you asked for. – Magic! — Hier ist der Bericht, den du wolltest. – Super!

to **make a move on someone** — **jdn angraben**
I think he's trying to make a move on me. — Ich glaub, der will mich angraben.

make it snappy [meɪkɪt'snæpi] — **mach zackig**
I need that report, so you better make it snappy! — Ich brauche den Bericht, also mach mal lieber zackig.

to **make mincemeat of sb** — **Kleinholz aus jdn machen**
He's going to make mincemeat of me when he finds out. — Der wird aus mir Kleinholz machen, wenn er das erfährt.

man boobs ['mænbu:bz] — der **Männerbusen**
Man boobs are not very attractive. — Ein Männerbusen ist nicht besonders attraktiv.

manky ['mæŋki] — **keimig, eklig**
The mattress looks well manky. — Die Matratze sieht voll keimig aus.

Mary palm and her five sisters [ˌmeəri'pɑ:m ...] — **Fünf gegen Willi; Masturbieren**
Have you been playing with Mary palm and her five sisters again? — Hast du mal wieder Fünf gegen Willi gespielt?

measly ['miːzli]	**poplig, mickrig**
How much did he give you? – A measly ten quid.	Wie viel hat er dir gegeben? – Mickrige zehn Pfund.
meat and two veg ['miːtəndtuːˌvedʒ]	**Willi und die Zwillinge**
Cover up! Your meat and two veg are showing!	Zieh dir was an! Willi und die Zwillinge gucken raus!
meat market ['miːtˌmɑːkɪt]	die **Aufrisszone**
This place is a real meat market.	Dieser Laden ist die reinste Aufrisszone.
mega ['megə]	**mega stark**
How was the film? – Oh, it was mega!	Wie war der Film? – Der war mega stark!
megabucks ['megəbʌks]	die **Megakohle**
She earns megabucks as a senior partner.	Als Seniorpartner verdient sie Megakohle.
mental ['mentəl]	**abgefahren; bekloppt, plätsche**
The gig was absolutely mental!	Das Konzert war voll abgefahren!
to **take the Mickey** [teɪkðə'mɪki]	**natsen, verarschen**
Stop taking the Mickey out of Alex. He's only small!	Hör auf Alex zu verarschen. Er ist noch klein!
Mickey-Mouse [ˌmɪki'maʊs]	**Pipifax-**
I don't want to live in some Mickey-Mouse housing estate.	Ich will in keiner Pipifax-Siedlung wohnen.
miffed [mɪft]	**stinkig**
He's a bit miffed because he lost.	Er ist ein bisschen stinkig, weil er verloren hat.
minge [mɪndʒ] *vulg!*	die **Möse**
She flashed her minge when she crossed her legs.	Als sie die Beine überschlug, blitzte ihre Möse hervor.

mingebag ['mɪndʒbæg]
That mingebag should have a good wash.

die **Ranzratte**
Die Ranzratte da sollte sich mal ordentlich waschen.

minger ['mɪnŋəʳ]

das **potthässliche(s) Teil**, die **Ranzratte**

It wasn't 'til the next morning, that I realised quite what a minger he was.

Erst am nächsten Morgen sah ich was für ein potthässliches Teil er war.

minging ['mɪnŋɪŋ]
Eugh, the canteen food looks minging again.

ekelhaft; potthässlich
Iiih, das Kantinenessen sieht mal wieder ekelhaft aus.

missus ['mɪsɪz]
How's the missus? – Oh, she's fine thanks!

die **bessere Hälfte**
Wie geht's deiner besseren Hälfte? – Ihr geht's gut, danke!

mo [məʊ]
Hold on a mo, I'll be right there.

der **Moment**
Warte mal kurz, ich bin gleich da.

moaning Minnie [ˌməʊnɪŋ'mɪni]
Don't be such a moaning Minnie all the time.

der **Motzkeks**
Sei nicht immer so ein Motzkeks.

moneybags ['mʌnibægz]
Look at moneybags with her new Gucci handbag.

der **Angeber**, die **Angeberin**
Check die Angeberin mit ihrer neuen Gucci-Tasche.

to **not give a monkey's**
I don't give a monkeys if I lose my boring job.

schnurzegal sein
Es ist mir schnurzegal, wenn ich meinen langweiligen Job verlier'.

moreish ['mɔːrɪʃ]
Hmm, this ice cream is very moreish.

macht süchtig
Hmm, dieses Eis macht süchtig.

moron ['mɔːrɒn]
Which moron left the key in the lock?

der **Schwachkopf**, der **Depp**
Welcher Depp hat den Schlüssel stecken lassen?

motherfucker ['mʌðəʳˌfʌkəʳ] *vulg!, pej!* — **Arschficker, Dreckskerl**
Get lost, you motherfucker! — Verzieh dich, du Arschficker!

motherfucking ['mʌðəʳˌfʌkɪŋ] *vulg!* — **Scheiß-, scheißverdammte(r, s)**
The motherfucking thing is broken again! — Das scheißverdammte Teil ist schon wieder kaputt!

to **mouth off** [maʊθ'ɒf] — **raunzen**
Dad's mouthing off about world politics again. — Papa raunzt mal wieder zur weltpolitischen Lage.

to **muck up** [mʊk'ʌp] — **verbocken, vermasseln**
I've mucked it up. — Ich hab's verbockt.

to **muff** [mʌf] — **versieben**
She's muffed her exam. — Sie hat die Prüfung versiebt.

muffin top ['mʌfɪntɒp] — **Speckröllchen**
Those jeans are too tight, they make a nasty muffin top. — Diese Jeans ist zu eng, sie macht üble Speckröllchen.

mug [mʌg] — der **Depp** der **Trottel**
Don't be a mug, she's walking all over you! — Sei kein Trottel, sie benutzt dich nur!

mug shot ['mʌgʃɒt] — das **Verbrecherfoto**
Did you see the mug shot of me in the paper? — Hast du mein Verbrecherfoto in der Zeitung gesehen?

muggins ['mʌgɪnz] — der **DVD, Depp vom Dienst**
That's right, leave it to muggins here to do the washing up! — Ja, ja, dann werd' ich mal wieder als Depp vom Dienst den Abwasch erledigen!

mullet ['mʌlɪt] — der **Vokuhila** die **Ossimatte**
Time to get rid of the mullet! — Wird Zeit, dass du die Ossimatte los wirst!

munchies[1] ['mʌn(t)ʃiz] Smoking dope gives me the munchies.	der **Fresskick** Vom Kiffen krieg' ich voll den Fresskick.
munchies[2] ['mʌn(t)ʃiz] I need some munchies.	**was zwischen die Kiemen** Ich brauch was zwischen die Kiemen.
to **nab** [næb] Can I nab a biscuit?	**stibitzen** Kann ich ein Keks stibitzen?
to **nab off** ['næbɒf] Kath has nabbed off with my lighter.	**klauen** Kath hat mein Feuerzeug geklaut.
nads [nædz] She kicked me in the nads.	**Klöten** Sie trat mir in die Klöten.
naff [næf] Those bell-bottoms are naff.	**uncool** Die Schlaghosen sind echt uncool.
to **naff off** ['næfɒf] Naff off, will you!	**abhauen** Hau einfach ab!
nail [neɪl] Did you nail that chick?	**flachlegen** Hast du die Kleine flachgelegt?
nan [næn] I'm going to visit my nan.	die **Omi** Ich besuche meine Omi.
narked [nɑːkt] John was well narked about Jules not coming.	**sauer, genervt** John war richtig sauer, dass Jules nicht gekommen ist.
nasty piece of work ['nɑːstipiːsəvˌwɜːk] Don't lend him any money – he's a nasty piece of work.	der **üble(r) Kerl** Leih ihm ja kein Geld, das ist ein übler Kerl.

naughty bits ['nɔːtibɪts] — **Weichteile**

Put something on to hide your naughty bits, will you! — Zieh dir doch was an, dass deine Weichteile bedeckt sind!

not on your Nellie! [ˌnɒtɒnjɔːˈneli] — **nie im Leben!; träum weiter!**

Will you do it for me? – Not on your Nellie! — Kannst du's für mich machen? – Träum weiter!

nerd [nɜːd] — der **Stiesel**

Those glasses make you look like a nerd. — Mit der Brille siehst du aus wie ein Stiesel.

on the never-never [ɒnðəˌnevəˈnevəʳ] — **auf Pump**

Buy something on the never-never and you end up paying twice as much. — Wenn du etwas auf Pump kaufst, bezahlst du irgendwann das Doppelte.

nice one! ['naɪswʌn] — **nicht schlecht!; sauber!**

I managed to get us two tickets for tomorrow's gig. – Nice one! — Ich hab' uns zwei Karten für den Gig morgen besorgt. – Sauber!

nick [nɪk] — das **Kittchen**

He spent the night in the nick. — Er hat die Nacht im Kittchen verbracht.

to **nick**[1] [nɪk] — **hochnehmen**

I was nicked for speeding this morning. — Ich wurde heute früh für's Rasen hochgenommen.

to **nick**[2] [nɪk] — **klauen, eintüten**

Someone's nicked my pen! — Jemand hat meinen Stift geklaut!

nifty ['nɪfti] — **schick; geschickt**

The new spoiler definitely makes the car look more nifty. — Mit dem neuen Spoiler sieht der Wagen sicher schicker aus.

nip tuck [nɪp'tʌk]
She's having some nip tuck done.

das **Gesichtstuning**
Sie lässt ein kleines Gesichtstuning durchführen.

nod off [nɒd'ɒf]
I think you should come to an end, people are starting to nod off.

einpennen
Ich denke, du solltest zum Schluss kommen, hier pennen schon einige ein.

nookie ['nʊki]
I fancy some nooky tonight.

das **Nümmerchen**
Ich hätte heute Abend Lust auf ein Nümmerchen.

Norman (no mates) ['nɔːmən('nəʊmeɪts)]
Look at Norman no mates there, standing around all by himself.

der **MOF (Mensch ohne Freunde)**
Sieh dir den MOF an, wie er da ganz alleine rumsteht.

to **powder one's nose**[1]
I'll just go and powder my nose.

für kleine Mädchen gehen
Ich geh mal schnell für kleine Mädchen.

to **powder one's nose**[2]
You been powdering your nose again?

die Nase pudern (koksen)
Hast du dir schon wieder die Nase gepudert?

nose candy ['nəʊz,kændi]
Can you get us some nose candy?

der **Schnee**, der **Koks**
Kannst du mir Schnee besorgen?

nose-rag ['nəʊzræg]
Pass me a nose-rag!

die **Popelplane**
Reich mir mal 'ne Popelplane!

nosey parker [nəʊzi'pɑːkə']
Nosey parker here has to get his nose in everywhere.

der **Wichtigtuer**
Der Wichtigtuer muss auch überall seine Nase reinstecken.

nosh [nɒʃ] — die **Mampfe**, die **Futterage**
I need some nosh now, I'm starving! — Ich brauche dringend Mampfe, ich sterbe schon vor Hunger!

noshery [nɒʃəri] — das **Kalorienkloster**
Let's go to the nearest noshery for some grub. — Lass uns ins nächste Kalorienkloster was mampfen gehen.

nosh-up ['nɒʃʌp] — das **Gelage**, die **Fresserei**
We had a great nosh-up at the Indian. — Wir hatten ein super Gelage beim Inder.

not! [nɒt] — *(ironisch:)* **eben nicht**
I really feel like cleaning the bathroom…not! — Ich hab' ja richtig Lust, das Bad zu putzen, ne.

not all there [nɒtɔːl'ðeər] — **bekloppt; bewölkt**
He's a great guy but he's not all there sometimes. — Er ist ein netter Typ, aber er ist manchmal ein bisschen bekloppt.

not half [nɒt'hɑːf] — **irre**
He's not half good looking! — Der sieht irre gut aus!

not half! [nɒt'hɑːf] — **und wie!**
Did you enjoy the film? – Not half! — Hat dir der Film gefallen? – Und wie!

nothing to write home about ['nʌθɪŋtəraɪt'həʊmə,baʊt] — **nichts besonderes**
It was all right, just nothing to write home about. — Es war ok, aber nichts besonderes eben.

no way José! [nəʊ'weɪhəʊ'zeɪ] — **auf keinsten**
Can't you do it for me? – No way José! — Kannst du's nicht für mich machen? – Auf keinsten!

nowt [naʊt] — **nix**
There's nowt wrong with it, it works just fine! — Da ist überhaupt nix damit, es tut doch wunderbar!

numptied ['nʌmptid] My Internet's been numptied all week.	**funzt nicht, funktioniert nicht** Mein Internetanschluss funzt schon die ganze Woche nicht.
nut [nʌt] *pej* She's a bit of a nut.	der **Bekloppte(r)** die **Bekloppte** Sie ist ein bisschen bekloppt.
nutcase ['nʌtkeɪs] *pej* He's a total nutcase sometimes.	**Sprung in der Schüssel** Der hat manchmal einen ganz schönen Sprung in der Schüssel.
nuts¹ [nʌts] Careful or she'll kick you in the nuts!	die **Eier** Vorsicht, sonst tritt sie dir in die Eier!
nuts² [nʌts] He's nuts about her.	**total verrückt** Er ist total verrückt nach ihr.
drive sb nuts That music is driving me nuts!	**kirre machen** Diese Musik macht mich ganz kirre!
nutter ['nʌtəʳ] *pej* He's a complete nutter, who doesn't know what he's talking about!	der **Spinner**, die **Spinnerin** Der ist ein Spinner, der nicht weiß wovon er spricht!
nutty ['nʌti] She's nutty as a fruitcake!	**verrückt** Die ist vollkommen verrückt!
o.t.t. [ˌəʊtiː'tiː] Her outfit's a bit o.t.t, I'd say.	**übertrieben, dick geflasht** Ihr Outfit ist ein bisschen dick geflasht, würd' ich sagen.
oats [əʊts] Did you get your oats last night?	der **Sex**, die **Nummer** Hast du gestern 'ne Nummer geschoben?

to **be off it**
She's definitely off it; she even talks to plants!

einen Knall haben
Sie hat definitiv einen Knall; sie spricht sogar mit Pflanzen!

offy ['ɒfi]
Where's the nearest offy, I'll go and get some more tinnies.

der **Wein- und Spirituosenladen**
Wo ist der nächste Schnapsladen? Ich geh und hol noch ein paar Dosen Bier.

old bag [əʊld'bæg] *pej*
The old bag next door's been complaining about the height of the hedge again.

die **alte Ziege**
Die alte Ziege von nebenan hat sich schon wieder über die Höhe der Hecke beschwert.

old banger [əʊld'bæŋəʳ]
It's an old banger but I don't care as long as it gets us from A to B.

die **Schrottkiste**
Es ist eine Schrottkiste, aber das ist mir egal solange wir damit von A nach B kommen.

old bill [əʊld'bɪl]
We were doing fine until the old bill stopped us for speeding!

die **Polente**
Wir sind gut vorangekommen, bis uns die Polente wegen zu hoher Geschwindigkeit angehalten hat.

old fart [əʊld'fɑːt]
That old fart's always grumbling about something!

der **Spießer**
Dieser alte Spießer nörgelt immer an irgendetwas rum!

old fogey [əʊld'fəʊgi]
The old fogeys next door are always complaining about the noise.

der **Komposti**
Die Kompostis von nebenan beklagen sich immer über den Krach.

old man [əʊld'mæn]
I'd better go. The old man's picking me up in a minute.

der **Alte**
Ich geh besser. Der Alte holt mich gleich ab.

to **give the once-over** ['gɪvðəwʌn(t)sˌəʊvəʳ]
Can you give the living room a quick once-over?

kurz ansehen; schnell klar Schiff machen
Könntest du schnell mal im Wohnzimmer klar Schiff machen?

on [ɒn]
I've just come on and I'm dying for something chocolaty!

die Tage haben
Ich habe gerade meine Tage bekommen und lechze jetzt nach Schokoladiges.

one-eyed trouser-snake [wʌnaɪd'traʊzəsneɪk]
If you're lucky, my one-eyed trouser snake'll pay you a visit.

der **Penis**, der **Nahkampfstachel**
Wenn du Glück hast, lernst du noch meinen Nahkampfstachel kennen.

one-off [wʌn'ɒf]
This is a one-off chance to get a ticket for this exclusive concert.

einmalige(r, s)
Das ist eine einmalige Chance, ein Ticket für dieses exklusive Konzert zu bekommen.

out of it ['aʊtəvɪt]
Needless to say, Stu's completely out of it again!

völlig zu; hackedicht
Stu ist natürlich schon wieder völlig zu!

packet ['pækɪt]
If we sell all these, we'll make a packet!

die **Megakohle**
Wenn wir das alles verkaufen, machen wir die Megakohle!

pad [pæd]
We went round to Alice's pad for a pizza.

die **Bude**
Wir sind in Alices Bude zum Pizzaessen gegangen.

Paddy ['pædi] *pej*
Kerry married a Paddy and moved to Dublin.

der **Ire**, die **Irin**
Kerry hat einen Iren geheiratet und ist nach Dublin gezogen.

pain in the backside [ˈpeɪnɪnðəˌbækˈsaɪd] — die **Nervensäge; nervig**

He's a pain in the backside when he's ill. — Er ist eine Nervensäge, wenn er krank ist.

painters [ˈpeɪntəʳz] — **Tante Rosa**

I can't go in the sauna, I've got the painters in. — Ich kann nicht in die Sauna gehen, ich hab Besuch von Tante Rosa.

pal¹ [pæl] — der **Kumpel**

They were pals for years before they fell in love. — Sie waren jahrelang Kumpels, bevor sie sich verliebten.

pal² [pæl] — **Freundchen**

Listen, pal. One more smart remark from you and I'll put you in hospital. — Hör zu Freundchen. Noch eine freche Bemerkung von dir und ich verfrachte dich ins Krankenhaus.

pally [ˈpæli] — **kumpelhaft, super freundlich**

They're a bit too pally for my liking. — Die sind mir ein bisschen zu kumpelhaft.

paralytic [ˌpærəˈlɪtɪk] — **sternhagelvoll, strack**

Daniel was paralytic by the time we left the pub. — Daniel war sternhagelvoll als wir die Kneipe verließen.

parky [ˈpɑːki] — **frisch**

It's a bit parky out there, you might need a coat. — Es ist ein bisschen frisch da draußen, du wirst einen Mantel brauchen.

passion killers [ˈpæʃᵊnˌkɪləʳz] — **Liebestöter**

Woolly tights are such passion killers! — Wollstrumpfhosen sind echte Liebestöter!

pear-shaped [ˈpeəʳʃeɪpt] — **schief**

If this goes pear-shaped we're buggered! — Wenn das schief geht, sind wir am Arsch!

pecker ['pekəʳ] — der **Schnippi**
Put away your pecker, will you! — Steck deinen Schnippi doch bitte weg!

peckish ['pekɪʃ] — das **Hüngerchen**
I must admit, I'm a bit peckish! — Ich muss zugeben, ich habe ein kleines Hüngerchen.

peg it ['pegɪt] — **rasen**
We pegged it to the station and just managed to catch the train. — Wir sind zum Bahnhof gerast und haben den Zug gerade noch erwischt.

pencil pusher ['pen(t)sᵊl͵pʊʃəʳ] *pej* — der **Bürohengst**
He thinks he's so important, but really he's just a humble pencil pusher. — Er denkt, er ist so super wichtig, dabei ist er nur ein bescheidener Bürohengst.

penny ['peni] — der **Groschen**
Thank God, the penny's finally dropped! — Gott sei Dank, der Groschen ist endlich gefallen!

perve [pɜːv] — die **Schmutzwurst**
Get off my tits, you perve! — Finger weg von meinen Titten, du Schmutzwurst!

pervy ['pɜːvi] — **pervers**
His pervy uncle always asks me to sit on his knee. — Sein perverser Onkel bittet mich immer, mich auf seine Knie zu setzen.

pet [pet] — der **Schatz**
I'll see you later, pet. — Wir sehen uns später, Schatz.

petal ['petᵊl] — der **Schatz**
Are you alright there, petal? — Geht's dir gut, Schatz?

phwoah [fwɔːˈ]
Phwoah! I wouldn't kick him out of bed!

Wow!
Wow! Den würde ich nicht von der Bettkante schubsen!

piddly [ˈpɪdl̩i]
I can't believe you made all this fuss over one piddly invoice!

lächerliche(r, s)
Ich kann nicht glauben, dass du dieses ganze Theater wegen einer lächerlichen Rechnung gemacht hast!

piece of cake [piːsəvˈkeɪk]
Don't worry, it'll be a piece of cake. You're sure to pass!

das **Kinderspiel**
Mach dir keine Sorgen, das wird ein Kinderspiel. Du bestehst sicher!

piece of shit [piːsəvˈʃɪt] *pej, vulg*
...and then I caught the piece of shit in bed with the girl next-door!

das **Stück Scheiße**
... und dann hab ich dieses Stück Scheiße mit dem Mädchen von nebenan im Bett erwischt!

piece of skirt [piːsəvˈskɜːt] *pej*
My chauvinist boss regards me as nothing more than a piece of skirt!

die **Braut**, das **Sexobjekt**
Mein Chef, dieser Chauvi, sieht mich nur als Sexobjekt.

pig[1] [pɪg]
You pig! You ate all the chocolates and didn't leave any for me!

der **Vielfraß**
Du Vielfraß! Du hast alle Pralinen gegessen und mir nichts übrig gelassen!

pig[2] [pɪg]
The pig only changes his bedclothes every three months!

die **Ranzratte**, das **Schwein**
Das Schwein wechselt seine Bettwäsche nur alle drei Monate!

pigging [ˈpɪgɪŋ]
He's loud, obnoxious and pigging ignorant!

Sau-, sau-
Er ist laut, widerlich und saudumm!

pig out [pɪg'aʊt]
We pigged out on ice cream and popcorn.

sich voll stopfen
Wir haben uns mit Eis und Popcorn voll gestopft.

pig-out ['pɪgaʊt]
Christmas lunch was the usual pig-out.

die **Völlerei**
Das Weihnachtsessen war die übliche Völlerei.

pigshit ['pɪgʃɪt]
What a load of pigshit! I'm not listening to this!

der **Bockmist**
Was für ein Haufen Bockmist! Das hör ich mir nicht an!

pillock ['pɪlək] *pej*
That pillock nearly ran me off the road!

der **Volltrottel**
Dieser Volltrottel hat mich fast von der Straße gedrängt!

pinch [pɪn(t)ʃ]
Could I pinch one of those apples? They look really tasty.

stibitzen
Kann ich einen von diesen Äpfeln stibitzen? Die sehen echt lecker aus.

pink pound ['pɪŋkpaʊnd]
Don't underestimate the power of the pink pound.

die **Kaufkraft bei Homosexuellen**
Unterschätz die Kaufkraft der Homosexuellen nicht.

pipsqueek ['pɪpskwiːk] *pej*
My grandma would be better in goal than that pipsqueak.

die **Kampffussel**
Meine Oma wäre besser im Tor als diese Kampffussel.

to **piss** [pɪs]
I saw him pissing against a tree trunk in the park.

pissen
Ich hab gesehen, wie er im Park an einen Baumstamm gepisst hat.

piss [pɪs]
This phone box stinks of piss.

die **Pisse**
Diese Telefonzelle stinkt nach Pisse.

on the piss [ɒnðə'pɪs]	**auf Sauftour**
The lads are going out on the piss tomorrow night. D'you wanna come?	Die Jungs gehen morgen Abend auf Sauftour. Willst du mitkommen?
to **take the piss**[1] [teɪkðə'pɪs]	**einen Scherz machen**
I was only taking the piss.	Das war nur ein Witz.
to **take the piss**[2] [teɪkðə'pɪs]	**verarschen; spinnen**
What, eighty pounds for a pair of jeans? That's taking the piss!	Was, achtzig Pfund für eine Jeans? Die spinnen wohl!
to **piss around / about** [pɪsə'raʊnd/-ə'baʊt]	**Blödsinn machen**
Stop pissing about and get down to work!	Hör auf Blödsinn zu machen und fang an zu arbeiten!
to **piss into the wind** [ˌpɪsˌɪntəðə'wɪnd]	**gegen den Wind pissen**
Give up, mate. You're only pissing into the wind.	Gib's auf Kumpel. Du pisst nur gegen den Wind.
to **piss off**[1] ['pɪsɒf]	**ankotzen**
This project is really pissing me off.	Dieses Projekt kotzt mich total an.
to **piss off**[2] ['pɪsɒf]	**verpissen, die Flatter machen**
He pissed off half way through the meeting.	Er hat mitten im Meeting die Flatter gemacht.
to **piss one's pants**	**in die Hosen machen**
Stan was pissing his pants before his driving test.	Stan hat sich vor seiner Fahrprüfung fast in die Hosen gemacht.
to **piss oneself**	**in die Hose machen vor Lachen**
Julie pissed herself laughing. The tears were rolling down her face!	Julie hat sich vor Lachen in die Hose gemacht. Die Tränen kullerten ihr übers Gesicht!

piss-artist ['pɪs'ɑːtɪst]
That good-for-nothing piss artist calls himself a poet!

die **Lusche**; der **Suffkopf**
Diese nichtsnutzige Lusche nennt sich selbst einen Dichter!

pissed [pɪst]
I'm not getting pissed tonight, I've got lectures all day tomorrow!

besoffen
Ich werde mich heute Abend nicht besaufen, ich hab morgen den ganzen Tag Vorlesungen!

Einen über den Durst

Im Englischen Slang gibt es eine Vielzahl von Ausdrücken und Wendungen, wenn man mal wieder einen über den Durst getrunken hat:

He / She got	hammered	Er / Sie war hackedicht, strack, etc.
	smashed	
	wasted	
He / She was	pissed as a fart	Er / Sie waren stinkbesoffen, sternhagelvoll, etc..
	obliterated	
	trashed	
	drunk as a skunk	
	legless	
	rat arsed	
He / She got	out of his box / head / face.	Er / Sie hat sich die Kante gegeben.

pissed as a fart [ˌpɪstəzəˈfɑːt]
Dad was pissed as a fart and he started dancing with Auntie Gertie.

stinkbesoffen
Papa war stinkbesoffen und fing an mit Tante Gertie zu tanzen.

pissed off ['pɪstɒf]
I'm so pissed off with her for telling everyone.

stinkig
Ich bin so stinkig mit ihr, weil sie es jedem gesagt hat.

pisser ['pɪsɚ]
You poor bugger. It's a pisser she left you on your birthday.

der **Scheiß**
Du armer Hund. Was für eine Scheiße, dass sie dich an deinem Geburtstag verlassen hat.

piss-head ['pɪshed] *pej*
There's always a bunch of old piss-heads hanging about in the park.

der **Säufer**, die **Säuferin**
Es hängen immer ein paar alte Säufer im Park rum.

pissing ['pɪs] *vulg*
Pissing hell! Now the car won't start!

verdammte(r, s)
Verdammte Scheiße! Jetzt springt das Auto nicht an!

piss-take ['pɪs]
It was a piss-take, but it certainly got a few laughs!

die **Verarsche**
Es war eine Verarsche, aber es hat auf jeden Fall ein paar Lacher geerntet!

piss-up ['pɪsɪŋ]
The party ended in a great piss-up.

das **Saufgelage**
Die Party endete in einem Saufgelage.

Piss-up in a brewery

Wenn man jemand's vollkommende Unfähigkeit zum Ausdruck bringen möchte, eignet sich die Wendung *He / She / They couldn't organize a piss-up in a brewery* bestens. Der- oder Diejenige wäre demnach selbst in einer Brauerei nicht in der Lage, ein „Saufgelage" zu organisieren. Eine etwas weniger derbe Variation hierzu wäre auch *He / She couldn't organize a queue at a bus-stop* (er / sie kann noch nicht mal eine Schlange an der Bushaltestelle organisieren).

pits [pɪts]
School's the pits!

das **Allerletzte**
Schule ist das Allerletzte!

pizzaface ['piːtsəfeɪs] *pej*
That pizzaface'll never get a boyfriend!

das **Pizzagesicht**
Dieses Pizzagesicht wird nie einen Freund kriegen!

plastered ['plɑːstəd]
We were so plastered I can't remember how we got home!

breit
Wir waren so breit, ich kann mich nicht erinnern, wie wir nach Hause gekommen sind.

plastic ['plæstɪk]
We had a girly day shopping and gave the plastic a real hammering!

das **Plastik**
Wir Mädels waren den ganzen Tag shoppen und haben das Plastik so richtig strapaziert!

pleb [pleb] *pej*
That pleb's not taking my daughter out!

der **Assi**
Dieser Assi wird nicht mit meiner Tochter ausgehen!

plebby ['plebi] *pej*
She's a doctor, but give her a drink and she can be really plebby!

Assi-, assi
Sie ist Ärztin, aber gib ihr was zu trinken und sie kann richtig assi werden!

plonk [plɒŋk]
They brought me a bottle of plonk and a bunch of flowers.

der **billige(r) Wein**, der **Fusel**
Sie haben mir eine Flasche billigen Wein und ein paar Blumen gebracht.

plonker ['plɒŋkəʳ]
The plonker knocked beer all over the table.

der **Trottel**
Der Trottel hat Bier über den ganzen Tisch geschüttet.

poet's day ['pəʊɪtsdeɪ]
I always come in late on poet's day.

Freitag
Freitags komme ich immer spät (zur Arbeit).

poison dwarf ['pɔɪzᵊndwɔːf]
Keep away from that nasty poison dwarf!

der **Giftzwerg**
Geh diesem widerlichen Giftzwerg lieber aus dem Weg!

Poet's day

Der Begriff *poet's day* für Freitag ergibt sich aus den Anfangsbuchstaben von *piss off early, tomorrow's Saturday*, und suggeriert den lockeren Umgang mit dem letzten Arbeitstag der Woche.

poncey [pɒn(t)si]
He's a bit poncey, but basically he's an OK bloke.

schischi
Er ist ein bisschen schischi, aber im Großen und Ganzen ist der Typ in Ordnung.

the pond [ðəˈpɒnd]
Clothes are much cheaper across the pond.

der **Große Teich**
Auf der anderen Seite vom Großen Teich sind Klamotten viel billiger.

pond life [ˈpɒndlaɪf] *pej*
As far as Jessica was concerned, any girl who wasn't on the cheerleading squad was pond life.

der **Abschaum**, das **Gesocks**
Was Jessica anbelangte, war jedes Mädchen, das nicht im Cheerleader-Team war, Abschaum.

to **pong** [pɒŋ]
Your trainers don't half pong!

stinken
Deine Turnschuhe stinken grauenhaft.

poof [pʊf] *pej*
That poof's not babysitting my son!

die **Tunte**
Diese Tunte wird nicht auf meinen Sohn aufpassen!

to **pop**[1] [pɒp]
Pop your things in a locker and then come and join me in the pool.

schmeißen
Schmeiß deine Sachen in ein Schließfach und komm zu mir in den Pool.

to **pop**[2] [pɒp]
I'll just pop to the loo before we go.

(irgendwohin) flitzen
Ich flitze noch schnell aufs Klo bevor wir gehen.

porkies ['pɔːkiz]
Have you been telling little porkies again?

Märchen
Hast du wieder Märchen erzählt?

posse ['pɒsi]
Sarah, Greg and the rest of the posse were there.

die **Crew**
Sarah, Greg und der Rest der Crew waren da.

postie ['pəʊsti]
The postie just brought this for you.

der **Briefträger**
Der Briefträger hat das gerade für dich gebracht.

potty[1] ['pɒti]
She's a little potty, but very sweet.

balla-balla
Sie ist ein bisschen balla-balla, aber sehr süß.

potty[2] ['pɒti]
I was potty about Jules for years.

vernarrt
Ich war jahrelang vernarrt in Jules.

to **pour it on (thick)** ['pɔːʳɪtɒnˌθɪk]
Don't worry about Matt, he always pours it on thick when he's ill.

dick auftragen
Mach dir keine Sorgen um Matt, der trägt immer so dick auf, wenn er krank ist.

poxy ['pɒksi]
He has the nerve to call this poxy little pub a wine bar!

beknackte(r, s)
Der traut sich diese beknackte kleine Kneipe eine Weinbar zu nennen.

prat [præt] *pej*
Your prat of a brother forgot to turn the tap off.

der **Trottel**
Dein Bruder, der Trottel, hat vergessen den Wasserhahn zuzudrehen.

preggars ['pregəz]
She got preggars after a one-night stand.

schwanger
Sie ist von einem One-Night-Stand schwanger geworden.

prezzie ['prezi]
I love Christmas with all the prezzies under the tree!

das **Geschenk**
Ich liebe Weihnachten mit all den Geschenken unterm Baum!

prick [prɪk] *pej, vulg!*
Cath's new bloke's a bit of a prick if you ask me.

das **Arschloch**, der **Arsch mit Ohren**
Der neue Macker von Cath ist ein ziemliches Arschloch, wenn du mich fragst.

private parts ['praɪvɪtpɑːts]
In the film you even get to see his private parts!

die **Weichteile**
In dem Film kriegt man sogar seine Weichteile zu sehen!

no probs! ['nəʊprɒbz]
Thanks for your help, mate! – Yeah sure, no probs!

Kein Problem!
Danke für deine Hilfe, Kumpel! – In Ordnung, kein Problem!

prole [prəʊl]
That pub's full of proles.

der **Assi**
Diese Kneipe ist voller Assis.

pub crawl ['pʌbkrɔːl]
They celebrated the end of the exams with an all-day pub crawl.

die **Sauftour**
Sie haben das Ende der Prüfungen mit einer ganztägigen Sauftour gefeiert.

pubes [pjuːbz]
I have to shave my pubes before I can wear that bikini.

der **Pelz**
Bevor ich den Bikini tragen kann, muss ich mir den Pelz rasieren.

puke [pjuːk]
She got pissed and puked all over my shoes.

kotzen
Sie hat sich besoffen und mir voll über die Schuhe gekotzt.

pukka ['pʌkə]
That's a pukka bacon butty you've got there!

vierlagig, genial
Das ist ein geniales Schinkenbrötchen, das du da hast!

to **pull** [pʊl]
That bloke is trying to pull me.

angraben, aufgabeln, aufreißen
Der Typ will mich aufgabeln.

on the pull [ɒnðəˈpʊl] The girls were out on the pull again.	**auf Baggertour** Die Mädels waren wieder auf Baggertour.
to **pull a fast one** [pʊləˈfɑːstwʌn] Hmmm, I think she's pulling a fast one on me.	**aufs Kreuz legen** Hmmm, ich glaube die legt mich aufs Kreuz.
to **pull a job** [pʊləˈdʒɒb] He tried to pull a job at the bank but got caught on CCTV.	**ein Ding drehen** Er hat versucht ein Ding in der Bank zu drehen, wurde aber von der Überwachungskamera gefilmt.
pull the other one! [ˈpʊlðiˌʌðəˈwʌn] Yeah right, pull the other one!	**wer's glaubt wird selig; erzähl's deiner Mama** Na klar, wer's glaubt wird selig.
to **punch someone's lights out** *vulg* One more word from you and I'll punch your lights out!	**jdn die Fresse polieren** Noch ein Wort, und ich polier dir die Fresse.
punch up [ˈpʌn(t)ʃʌp] After the match there was a punch up outside the ground.	das **Fratzengeballer** Nach dem Spiel gab es ein Fratzengeballer vor dem Stadion.
puppies [ˈpʌpiz] What a grand pair of puppies she has!	**Möpse** Sie hat großartige Möpse!
to **push off** [ˈpʊʃɒf] Just push off, will you!	**Leine ziehen** Los komm, zieh Leine!
to **be pushing up daisies** I'll be pushing up the daisies by the time you marry, my dear.	**ins Gras beißen** Wenn du mal heiratest, meine Liebe, werde ich schon ins Gras beißen.

pussy ['pʊsi] *vulg!* — die **Möse**, die **Muschi**
I'd stroke your pussy any day! — Deine Muschi würde ich jeder Zeit streicheln.

put that in your pipe and smoke it! [pʊt'ðætɪnjʊəʳ'paɪpənd,sməʊkɪt] — **nimm' dieses; damit musst du dich abfinden**
...so basically you're wrong. Put that in your pipe and smoke it! — ... im Grunde genommen hast du Unrecht. Damit musst du dich abfinden!

queen [kwiːn] *pej* — die **Schwuchtel**
This place is full of queens and trannies! — Hier wimmelt es von Schwuchteln und Transen.

queer [kwɪəʳ] *pej* — der **Schwule(r)**
There are a few queer pubs down by the canal. — Unten beim Kanal gibt es ein paar Schwulenkneipen.

quickie ['kwɪki] — der **Quickie**
Fancy a quickie before work? — Wie wär's mit einem Quickie vor der Arbeit?

quid [kwɪd] — das **Pfund**
I bet ten quid on England winning. — Ich wette ein Pfund darauf, dass England gewinnt.

to **rabbit** ['ræbɪt] — **labern**
She's been rabbiting on the phone for over an hour! — Sie labert seit einer Stunde am Telefon.

rack [ræk] — **Möpse**
She's got a rack to make a man proud. — Sie hat Möpse, die einen Mann stolz machen.

rad [ræd] — **phat, geil**
That's one rad new TV show. — Das ist eine geile neue Fernsehserie.

to **be on the rag**
She has foul mood-swings when she's on the rag.

auf der roten Welle surfen
Sie hat üble Stimmungsschwankungen, wen sie auf der roten Welle surft.

rags [rægz]
Hey man, show us your new rags!

Klamotten
Hey Alter, zeig mal deine neuen Klamotten!

rank [ræŋk]
There was a rank smell coming from the cellar.

keimig, eklig; potthässlich
Es kam ein ekliger Geruch aus den Keller.

rat-arsed ['rætɑːst]
Those shots really get you rat-arsed!

sturzbesoffen, breit
Von diesen Drinks wirst du wirklich total breit.

ratty ['ræti]
There's no need to get ratty with me!

gereizt
Es gibt keinen Grund, so gereizt zu reagieren!

readies ['rediz]
His wallet was bulging with readies.

das **Lobi**
Seine Geldbörse quoll über vor Lobi.

retard ['riːtɑːd] *pej!*
Why is she hanging about with that retard?

der **Spasti**
Warum hängt sie mit diesem Spasti rum?

to **rip off** [rɪp'ɒf]
Four pounds for a pint! They really rip you off in there!

übers Ohr hauen
Vier Pfund für ein Bier! Die zocken einen echt ab da drin!

rip-off ['rɪpɒf]
Those designer jeans are such a rip-off!

der **Beschiss**, die **Abzocke**
Diese Designerjeans sind die reine Abzocke!

roaring ['rɔːrɪŋ] — **saumäßig, höllisch**
That wasn't exactly what you'd call a roaring success.
Das war nicht gerade das, was ich einen Höllenerfolg nennen würde.

rogering ['rɒdʒᵊrɪŋ] *vulg* — der **Fick**
He gave her a good rogering in the sand dunes.
Er hat es ihr in den Sanddünen gut besorgt.

rollicking ['rɒlɪkɪŋ] — der **Anpfiff**, der **Anschiss**
Mum gave us a rollicking after she saw the mess we'd made.
Wir haben einen ordentlichen Anschiss von Mama kassiert, als sie die Sauerei gesehen hatte, die wir gemacht haben.

rot [rɒt] — der **Mist**
Don't talk rot! What you've said is total nonsense.
Red keinen Mist! Was du gesagt hast, ist totaler Blödsinn.

rough [rʌf] — **raubeinig**
The rough boys pushed him over in the playground.
Die Rowdys haben ihn auf dem Spielplatz umgestoßen.

to **rough it** ['rʌfɪt] — **primitiv leben**
I'm afraid you'll have to rough it on the sofa tonight.
Ich fürchte, du musst heute Nacht mit dem Sofa Vorlieb nehmen.

round the bend [raʊndðə'bend] — **wahnsinnig**
That music's driving me round the bend!
Diese Musik macht mich wahnsinnig!

rubber cheque [ˌrʌbəʳ'tʃek] — der **ungedeckte(r) Scheck**
It's the second time we've had a rubber cheque off her!
Es ist schon das zweite Mal, dass wir einen ungedeckten Scheck von ihr haben!

rug rat ['rʌɡræt] — die **Teppichratte**
I hope they get a babysitter for the rug rats!
Ich hoffe, sie kriegen einen Babysitter für die Teppichratten.

rumpy-pumpy [rʌmpi'pʌmpi]
I only watch French films for the rumpy-pumpy.

das **Nümmerchen**, der **Sex**
Französische Filme schau ich mir nur wegen dem Sex an.

run of the mill [rʌnəvðə'mɪl]
It was a run of the mill dress, nothing special.

08/15, null-acht-fuffzehn
Es war ein 08/15-Kleid, nichts Besonderes.

runner ['rʌnəʳ]
He did a runner with the day's takings.

aus dem Staub machen
Er hat sich mit den Tageseinnahmen aus dem Staub gemacht.

take a running jump! [ˌteɪkə'rʌnɪŋˌdʒʌmp]
Why don't you just take a running jump!

putz die Platte!
Warum putzt du nicht einfach die Platte!

runs [rʌnz]
That curry's given me the runs!

der **Dünnschiss**
Von diesem Curry habe ich Dünnschiss bekommen!

sack [sæk]
It was getting dark so they hit the sack.

die **Kiste**
Es wurde dunkel, also hauten sie in die Kiste.

sad [sæd]
He's so sad, he even kisses his car goodnight!

peinlich
Der ist so peinlich, der gibt sogar seinem Auto einen Gutenachtkuss!

saddo ['sædəʊ] *pej*
He's always playing computer games, what a saddo!

das **Opfer**, der **Loser**
Er spielt immer nur Computerspiele, was für ein Loser!

same to you with brass knobs on! [ˌseɪmtəˌjuːwɪθbrɑːs'nɒbzɒn]
You selfish bitch! – And the same to you with brass knobs on!

du mich auch!; selber!
Du egoistisches Miststück! – Selber!

to **be one sandwich short of a picnic** I think she's one sandwich short of a picnic.	**einen Hau haben** Ich glaub, die hat 'nen Hau.
sarky ['sɑːki] Don't give me that sarky bollocks.	**sarkastisch** Lass mich mit diesem sarkastischen Mist in Ruhe!
sarnie ['sɑːni] What have you got in your sarnie?	die **Stulle** Was hast du auf deiner Stulle?
savvy ['sævi] Don't worry about her, she's a savvy lass.	**Checker-; clever** Mach dir keine Sorgen um sie, sie ist ein cleveres Mädel.
to **scare the pants off sb** The plane started to judder and it scared the pants off him!	**jdm zu Tode erschrecken** Das Flugzeug begann zu ruckeln und das hat ihn zu Tode erschreckt.
to **scare the shit out of sb** This man came up behind me and scared the shit out of me!	**jdm Scheißangst einjagen** Dieser Mann stand plötzlich hinter mir und hat mir eine Scheißangst eingejagt!
scaredy-cat ['skeədikæt] C'mon, stop being such a scaredy-cat and jump in!	der **Angsthase** Komm schon, hör auf so ein Angsthase zu sein und spring rein!
schizzo ['skɪzəʊ] *pej* He's a real schizzo and doesn't have any friends.	der **Schizzo** Er ist ein echter Schizzo und hat überhaupt keine Freunde.
to **keep schtum** [kiːp'ʃtuːm] You just keep schtum and let me do the talking.	**dicht halten** Du hältst einfach dicht und überlässt mir das Reden.
to **scoff** [skɒf] Anne scoffed all of the chocolates!	**mampfen** Anne hat die ganze Schokolade gemampft.

to **scoot** [skuːt]
Can you scoot to make room, please?

sich weghängen
Kannst du dich mal bitte weghängen, um Platz zu machen?

to **score**[1] [skɔː^{r}]
Did you score, then?

Stoff beschaffen
Konntest du Stoff beschaffen?

to **score**[2] [skɔː^{r}]
Get your coat love, you've scored!

rumkriegen
Hol deinen Mantel Süße, du hast mich rumgekriegt!

what's the score?
Hi guys, what's the score?

was geht?
Hey Leute, was geht?

to **screw** [skruː] *vulg*
They were screwing all night in the tent next to ours.

poppen
Sie haben die ganze Nacht im Zelt neben uns gepoppt.

screw [skruː] *vulg*
She needs a good screw to loosen her up!

der **Fick**
Sie braucht eine guten Fick um ein bisschen lockerer zu werden!

screw loose ['skruːluːs]
Don't take him seriously; he's got a screw loose!

eine Schraube locker haben
Nimm ihn nicht ernst; der hat eine Schraube locker!

to **screw up** [skruː'ʌp]
Don't screw things up after you've been doing so well!

vermasseln, verbocken
Vermassle es jetzt nicht, nachdem alles so gut gelaufen ist.

screw you! [skruː'juː] *vulg*
Screw you, you malicious cow!

verfick dich!
Verfick dich, du blöde Kuh!

screwed [skruːd] *vulg*
If you lose your passport we're screwed!

gefickt, am Arsch
Wenn du deinen Pass verlierst, sind wir am Arsch.

screw-up ['skru:ʌp]
The bride ran of with the best man; it was a right screw-up!

der **Bockmist**
Die Braut ist mit dem Trauzeugen abgehauen; das war ein schöner Bockmist!

on the scrounge [ɒnðə'skraʊndʒ]
Ziggy's on the scrounge for wine and ciggies.

schnorren
Ziggy schnorrt Wein und Ziggis.

to **scrub up well** [ˌskrʌbʌp'wel]
You certainly scrub up well in a suit!

nicht schlecht aussehen
Du siehst echt nicht schlecht aus in einem Anzug!

scrubber ['skrʌbəʳ]
That scrubber's done it with half of the rugby team!

der **Golfplatz**, das **Flittchen**
Dieses Flittchen hat es mit der halben Rugbymannschaft getrieben.

scruff [skrʌf]
James always goes to school looking like a scruff.

die **Ranzratte**
James sieht immer aus wie eine Ranzratte, wenn er zur Schule geht.

scrummy ['skrʌmi]
Those strawberries look really scrummy!

lecker
Diese Erdbeeren sehen echt lecker aus!

scum [skʌm]
I've no time for scum like you.

der **Abschaum**
Für Abschaum wie dich habe ich keine Zeit.

scumbag ['skʌmbæg]
The scumbag dumped her for a woman half her age.

der **Dreckskerl**
Der Dreckskerl hat sie wegen einer Frau sitzen lassen, die halb so alt ist wie sie.

to **see a man about a dog** [mænəˌbaʊtə'dɒg]
I'll be back in a minute, I've just got to see a man about a dog!

für kleine Jungs gehen
Ich bin in einer Minute zurück; ich geh nur mal kurz für kleine Jungs.

see you next Tuesday [siːjənekstˈtjuːzdeɪ] — die **Muschi**

You could see her you-know-what, her see you next Tuesday! — Man konnte ihre, du weißt schon, ihre Muschi, sehen!

See you next Tuesday

See you next Tuesday ist im Slang ein Euphemismus für das weibliche Geschlechtsteil, welches sich aus den Einzelbuchstaben und derer Aussprache von *cunt* (=Möse) ergibt: C (ausgesprochen: *see*) U (ausgesprochen: *you*) N (*next*) T (*Tuesday*).

seeing to [ˈsiːɪŋtuː] — der **Sex**

You'll be getting a good seeing to tonight! — Du wirst guten Sex haben heute Nacht!

set of wheels [setəvˈwiːlz] — die **Schüssel**

Mum's new set of wheels caused a stir amongst her friends. — Mamas neue Schüssel hat Aufsehen erregt bei ihren Freundinnen.

sex on legs [ˌseksɒn ˈlegz] — die **Schleckrosine**

Phwoar! That babe is sex on legs! — Wow! Diese Frau ist eine Schleckrosine!

shaft [ʃɑːft] *vulg* — **nageln**

I shafted her and then moved on to her best mate. — Ich hab sie genagelt und dann mit ihrer besten Freundin weitergemacht.

to **shag** [ʃæg] *vulg* — **vögeln, bumsen**

She shagged her way up the corporate ladder. — Sie ist die Karriereleiter hochgevögelt.

shag [ʃæg] *vulg* — die **Nummer**

Alright, darlin'? Fancy a shag? — Alles klar Süße? Wie wär's mit einer Nummer?

shag bag ['ʃægbæg] *vulg*	die **Matratze**
That shagbag's been round the block a few times!	Diese Matratze hat schon ein paar Mal die Runde gemacht!
shaggable ['ʃægəbl̩]	**bumsbar**
Well I think that beard makes him totally shaggable!	Ich finde, dieser Bart macht ihn absolut bumsbar!
to **shake a leg** ['ʃeɪkəˌleg]	**die Hufe schwingen**
Come on, shake a leg and go and have breakfast!	Mach schon, schwing die Hufe und geh frühstücken!
sharpish ['ʃɑːpɪʃ]	**schnellstmöglich**
You'd better get ready sharpish else we'll miss the train!	Du machst dich besser schnellstmöglich fertig, sonst verpassen wir den Zug!
shattered ['ʃætəd]	**erledigt, fix und foxi**
You look absolutely shattered. Why don't you have a lie-down?	Du siehst total erledigt aus. Warum legst du dich nicht hin?
to **shift** [ʃɪft]	**sich weghängen**
You should have seen her shift at the mention of half-price handbags!	Du hättest sehn sollen, wie sie sich weggehängt hat, als ich die Handtaschen zum halben Preis erwähnt habe.
to **shift one's arse**	**den Hintern bewegen**
Come on, shift your arse and help me clear the table!	Los komm, beweg deinen Hintern und hilf mir den Tisch abzuräumen!
to **shit** [ʃɪt] *vulg*	**scheißen** **kacken**
The dog's shat all over the living room!	Der Hund hat das Wohnzimmer vollgekackt!
shit[1] [ʃɪt] *pej*	der **Drecksack**
That little shit ruined the surprise!	Dieser kleine Drecksack hat die Überraschung versaut!

shit² [ʃɪt] *vulg* — der **Scheiß**, die **Scheiße**

What a load of shit; I don't believe a word! — Was für eine große Scheiße; ich glaube kein Wort!

shit³ [ʃɪt] — der **Shit**

They bought a bag of really strong shit in Amsterdam. — Sie haben eine Tüte echt starken Shit in Amsterdam gekauft.

no shit (Sherlock)! [nəʊ'ʃɪt(ʃɜːlɒk)] — **(ironisch:) was du nicht sagst!!**

She might be jealous if you pinch his bottom. – No shit Sherlock! — Sie könnte eifersüchtig werden, wenn du ihn in den Hintern kneifst. – Ach, was du nicht sagst!

to **not give a shit** [ʃɪt'brɪks] *vulg* — **scheißegal sein**

I couldn't give a shit what you think. — Was du denkst ist mir scheißegal.

to **shit bricks** [ʃɪt'brɪks] *vulg* — **(vor Angst) die Hosen voll haben**

Roy was shitting bricks as the cops pulled him over. — Roy hatte die Hosen voll, als ihn die Bullen rauszogen.

to **be up shit creek** *vulg* — **in der Scheiße sitzen**

One look at his face and I knew we were up shit creek. — Ich musste ihn nur anschauen und wusste, wir saßen in der Scheiße.

shit hits the fan [ʃɪthɪtsðə'fæn] *vulg* — **die Kacke ist am dampfen**

If she tells everyone, the shit's really gonna hit the fan! — Wenn sie das irgendjemandem erzählt, ist die Kacke am dampfen!

to **shit one's pants** *vulg* — **sich (vor Angst) in die Hose scheißen**

I was really shitting my pants by the time they called me in for the interview! — Als sie mich zum Bewerbungsgespräch hereinholten, hab ich mir vor Angst in die Hosen geschissen!

shit stirrer ['ʃɪtˌstɜːʳəʳ] *vulg* — der **Intrigant**, die **Intrigantin**
I wouldn't trust her; she's a bit of a shit stirrer. — Ich würde ihr nicht trauen, sie ist eine kleine Intrigantin.

shit stirring ['ʃɪtˌstɜːrɪŋ] — **intrigante(r, s)**
That shit stirring bastard told her I was having an affair! — Dieses intrigante Arschloch hat ihr erzählt, ich hätte eine Affäre.

shite [ʃaɪt] — die **Scheiße**
Oh shite, I've forgotten my keys! — Oh Scheiße, ich hab meine Schlüssel vergessen!

shite [ʃaɪt] — **beschissen**
The concert was totally shite. — Das Konzert war total beschissen.

shitface ['ʃɪtfeɪs] *pej* — das **Arschloch**
I just can't stand that creepy shit-face. — Ich kann dieses schräge Arschloch einfach nicht ausstehen.

shitfaced ['ʃɪtfeɪst] — **zu, sternhagelvoll**
He was so shit-faced he couldn't even speak! — Er war so sternhagelvoll, er konnte nicht einmal sprechen!

shithead ['ʃɪthed] *pej* — der **Scheißkerl**
What a shit-head Gary turned out to be! — Gary ist so ein Scheißkerl geworden!

shitless ['ʃɪtləs] — **zu Tode**
I was bored shitless this afternoon. — Ich habe mich auch zu Tode gelangweilt heute Nachmittag.

shitload ['ʃɪtləʊd] — der **Haufen**
Don't worry, we've got shitloads of beer! — Mach dir keine Sorgen, wir haben haufenweise Bier!

shits [ʃɪts] — der **Dünnschiss**
Steve's got the shits. It must have been that dodgy kebab. — Steve hat Dünnschiss. Das muss dieses dubiose Kebab gewesen sein.

shitty [ˈʃɪti] — **beschissen**
I feel really shitty after last night. — Ich fühl mich echt beschissen nach letzter Nacht.

to **shoot off** [ʃuːtˈɒf] — **sich weghängen, schnell gehen**
I'll shoot off to the bank before it closes. — Ich geh noch schnell zur Bank bevor sie schließt.

to **shoot up** [ʃuːtˈʌp] — **drücken, sich einen Schuss verpassen**
He's so shot-up with heroin, he won't notice a thing! — Der ist so zugedröhnt mit Heroin, der wird überhaupt nichts merken!

shove it! [ˈʃʌvɪt] — **Scheiß drauf!**
Oh shove it! I can't be bothered with it! — Ach scheiß drauf! Darum kann ich mich jetzt nicht kümmern!

to **shove off** [ˈʃʌvɒf] — **abhauen**
Just shove off and leave me in peace! — Hau einfach ab und lass mich in Ruhe!

shut it! [ˈʃʌtɪt] — **halt's Maul!**
Just shut it, OK?! — Halt einfach das Maul, o.k.?

to **shut one's face / gob / trap** — **die Klappe / Fresse halten**
Oh shut your gob, I've heard it all before! — Oh halt die Klappe, das ist doch nichts Neues!

sick as a parrot [ˌsɪkəzəˈpærət] — **völlig fertig**
They lost again! I'm sick as a parrot. — Sie haben schon wieder verloren! Ich bin völlig fertig.

sickie [ˈsɪki] — **Krankheitstag**
Amy pulled a sickie and spent the day sunbathing. — Amy hat krank gemacht und ist den ganzen Tag in der Sonne gelegen.

sicko ['sɪkəʊ] *pej*
I don't like you going near that sicko.

der **Verrückte(r)**, die **Verrückte**
Es gefällt mir nicht, wenn du dich mit diesem Verrückten abgibst.

silly sausage [ˌsɪli'sɒsɪdʒ]
Don't be such a silly sausage, mummy will be back in an hour!

das **Dummerchen**
Sei nicht so ein Dummerchen, Mammi ist in einer Stunde wieder da!

skint [skɪnt]
I can't pay you back, I'm skint!

blank
Ich kann dir dein Geld nicht zurückzahlen, ich bin blank!

to **skive (off)** ['skaɪvɒf]
They skived off school and spent the day in an amusement arcade.

blau machen
Sie haben blau gemacht und den Tag in einer Spielhalle verbracht.

skivvy ['skɪvi]
I'm just the skivvy round here.

das **Dienstmädchen**, der **Depp vom Dienst**
Ich bin hier nur das Dienstmädchen.

slag [slæg]*pej*
That slag ran off with my boyfriend!

die **Schlampe**
Diese Schlampe ist mit meinem Freund durchgebrannt!

to **slag off** [slæg'ɒf]
Claire's always slagging her off behind her back.

ablästern
Claire lästert immer hinter ihrem Rücken über sie ab.

slap [slæp]
It'll take a fair bit of slap to make her look like a witch.

die **Schminke**
Wir werden ziemlich viel Schminke brauchen, um sie wie eine Hexe aussehen zu lassen.

slap and tickle [slapənd'tɪkl,]
Fancy a bit of slap and tickle, darlin'?

das **Techtelmechtel**
Wie wär's mit einem kleinen Techtelmechtel, Schätzchen?

slaphead ['slæphed] *pej* — der **Glatzkopf**
Our maths teacher's a right slaphead! — Unser Mathelehrer ist ein echter Glatzkopf!

slapper ['slæpəʳ] *pej* — die **Schlampe**
Sally, you old slapper, what happened to that bloke you pulled last week? — Sally, du alte Schlampe, was ist mit dem Typ passiert, den du letzte Woche abgeschleppt hast?

slash [slæʃ] — das **Pinkeln**
I've gotta go for a slash. — Ich muss mal pinkeln gehen.

slaughtered ['slɔːtəd] — **breit, zu, hackedicht**
Sharon was absolutely slaughtered by the time the taxi arrived. — Sharon war hackedicht, als das Taxi kam.

sleazebag ['sliːzbæg] — der **schmierige(r) Kerl**
That sleazebag keeps talking to my cleavage! — Dieser schmierige Kerl hört nicht auf mit meinem Dekolletee zu sprechen.

slimeball ['slaɪmbɔːl] *pej* — das **Ekelpaket**
I can't believe you kissed that slimeball! — Ich kann nicht glauben, dass du dieses Ekelpaket geküsst hast!

slob [slɒb] *pej* — der **faule(r) Sack**
He's such a slob, his mum does everything for him! — Er ist so ein fauler Sack, seine Mama macht alles für ihn!

to **slob about / around** [slɒbə'baʊt/-ə'raʊnd] — **herumgammeln**
I spent all day slobbing around in my pyjamas. — Ich hab den ganze Tag im Schlafanzug herumgegammelt.

smacker ['smækəʳ] — der **Schmatzer**
True to form, Auntie Doris planted a smacker on his cheek. — Wie zu erwarten, drückte ihm Tante Doris einen dicken Schmatzer auf die Backe.

smackeroos [ˌsmækər'u:z]
You lost the bet. That's fifty smackeroos for me, then!

Mäuse
Du hast die Wette verloren. Das wären dann also fünfzig Mäuse für mich!

smarmy ['sma:mi]
That smarmy devil is sure to get promoted.

schleimig
Dieser schleimige Teufel wird sicherlich befördert.

smart-arse ['sma:ta:s]
Stop being such a smart-arse, you're not always right!

der **Klugscheißer**
Hör auf so ein Klugscheißer zu sein, du hast nicht immer recht!

smart-arsed ['sma:ta:st]
Your brother's such a smart-arsed bastard!

im Klugscheißmodus
Dein Bruder ist dermaßen im Klugscheißmodus!

smarty-pants ['sma:tipænts]
We'd be much better off without little Miss smarty-pants over there.

der **Schlaumeier**
Ohne Fräulein Schlaumeier dort drüben wären wir jetzt besser dran.

smashed [smæʃt]
We got absolutely smashed and ended up crashing at Tony's place.

breit, besoffen
Wir haben uns total besoffen und haben schließlich bei Tony übernachtet.

smashing ['smæʃɪŋ]
We had a smashing time in France.

super, genial
Wir hatten eine super Zeit in Frankreich.

smellies ['smeliz]
She always buys me smellies for Christmas.

Parfümerieartikel
Zu Weihnachten kauft er mir immer Parfümerieartikel.

snail-mail ['sneɪlmeɪl]
It won't get there until Friday if you send it snail-mail.

die **Schneckenpost**
Wenn du es mit der Schneckenpost schickst, wird es nicht vor Freitag ankommen.

snobby ['snɒbi]
There were so many snobby gits at the wedding!

snobistisch, hochnäsig
Auf der Hochzeit waren jede Menge Snobs!

to **snog** [snɒg]
Will you two love-birds please stop snogging?!

knutschen, rumlöffeln
Könntet ihr zwei Turteltäubchen vielleicht mal aufhören rumzuknutschen?

snog [snɒg]
She gave him a passionate snog and then slipped through the departure gate.

der **Zungenkuss**
Sie gab ihm einen leidenschaftlichen Zungenkuss und schlüpfte durch das Abflugportal.

snot [snɒt]
My head's full of snot and I feel awful!

der **Rotz**, der **Schnodder**
Mein Kopf ist voller Rotz und ich fühle mich grauenhaft!

snotrag ['snɒtræg]
I wish you'd flush your dirty snotrags down the loo!

die **Popelplane**
Mir wäre es lieb, wenn du deine dreckigen Popelplanen das Klo runterspülen könntest!

snotty (nosed) ['snɒti]
I'm sharing a room with that snotty nosed cow again!

eingebildet
Ich muss mir das Zimmer wieder mit dieser eingebildeten Kuh teilen!

to **snuff it** ['snʌfɪt]
The old crow's snuffed it at last!

abnibbeln
Die alte Kuh ist endlich abgenibbelt!

soak [səʊk]
That old soak's always in the pub by lunchtime.

der **Säufer**
Der alte Säufer ist immer schon zur Mittagszeit in der Kneipe.

so-and-so ['səʊən(d)səʊ]
That cheeky so-and-so told us we weren't on the guest list!

das **Miststück**
Dieses freche Miststück hat zu uns gesagt, wir wären nicht auf der Gästeliste!

to **put a sock in it** [ˌpʊtə'sɒkɪnɪt] — **halt die Klappe**

Put a sock in it and listen to what's being said! — Halt die Klappe und hör zu was gesagt wird!

sod[1] [sɒd] *pej* — der **Kerl**

… and then the daft sod accidentally locked us all out! — … und dann hat der blöde Kerl uns alle ausgeschlossen!

sod[2] [sɒd] — **sauschwierig**

It was so bulky and an absolute sod to transport. — Es war total sperrig und sauschwierig zu transportieren.

sod all ['sɒdɒːl] — **einen Scheißdreck**

Get off your lazy arse, you've done sod all today! — Beweg deinen faulen Arsch, du hast den ganzen Tag einen Scheißdreck gemacht!

sod it! ['sɒdɪt] — **Mist!, Kacke!**

Oh sod it! I can't be bothered with this anymore. — Oh Kacke! Ich habe keinen Bock mehr auf das hier.

to **sod off** ['sɒdɒf] — **abhauen**

Why don't you just sod off and leave me in peace? — Warum haust du nicht einfach ab und lässt mich in Frieden?

sod this for a game of soldiers! [sɒd'ðɪsfə'əgeɪməvˌsəʊlʤə'z] — **ich hab' kein Bock mehr!**

Sod this for a game of soldiers, I'm going down the pub! — Ich hab keinen Bock mehr, ich geh in die Kneipe!

sod you! ['sɒdjuː] *vulg* — **leck mich doch!**

You disagree? Well sod you then! — Du bist nicht einverstanden? Dann leck mich doch!

sodding ['sɒdɪŋ] *vulg* — **verdammte(r, s), Scheiß-**

The sodding washing machine's been leaking again! — Die Scheißwaschmaschine ist wieder ausgelaufen!

soft in the head [ˌsɒftɪnðə'hed] *pej*	**bewölkt, beschränkt**
Don't listen to him – he's soft in the head!	Hör nicht auf ihn – er ist ein bisschen beschränkt!
softy ['sɒfti]	der **Softie**
Dad's an old softy at heart.	Papa ist im Grund seines Herzens ein alter Softie.
soppy ['sɒpi]	**schmalzig, sentimental**
I can't stand soppy films!	Schmalzige Filme ertrage ich nicht!
to **sort out** [sɔːt'aʊt]	**eine Tracht Prügel verpassen**
Stu took him outside and sorted him out good and proper.	Stu ging mit ihm raus und hat ihm eine ordentliche Tracht Prügel verpasst.
sorted ['sɔːtɪd]	**alles geregelt**
That's us sorted for tonight then!	Dann haben wir ja alles geregelt für heute Abend!
sorted! ['sɔːtɪd]	**geilo!**
I got some tinnies for later. -- Sorted!	Ich hab ein paar Dosen Bier für später besorgt. -- Geilo!
sound [saʊnd]	**schwer in Ordnung**
Mike's a really sound bloke.	Mike ist echt schwer in Ordnung.
soz [sɒz]	**Tschuldigung**
Oh soz. I didn't mean to.	Oh Tschuldigung. Das wollte ich nicht.
sozzled ['sɒzl̩d]	**bedüdelt**
She was sozzled by the time they sat down to dinner.	Als sie sich zum Essen setzten, war sie schon bedüdelt.

space cadet ['speɪskəˌdet] *pej* — der **Ausgeflippte(r)**, die **Ausgeflippte**

Jack's a bit of a space cadet, but I think you'll like him. — Jack ist ein bisschen ausgeflippt, aber ich glaube, du wirst ihn mögen.

spaced out [speɪst'aʊt] — **weggetreten; zugedröhnt**

You look really spaced out. — Du siehst ziemlich weggetreten aus.

spag bol ['spægˌbɒl] — **Spaghetti Bolognese**

It's spag bol for tea, I'm afraid. — Ich fürchte, es gibt Spaghetti Bolognese zum Abendessen.

spare prick at a wedding ['speəʳˌprɪkətə'wedɪŋ] — das **fünfte Rad am Wagen**

They were so lovey-dovey – I felt like a spare prick at a wedding! — Sie waren so verknallt – ich hab mich wie das fünfte Rad am Wagen gefühlt.

spare-tyre [speəʳ'taɪəʳ] — der **Rettungsring**

Cut out the cakes and you'll be rid of that spare-tyre in no time! — Verzichte auf die Kuchen und du wirst diesen Rettungsring in null Komma nichts loshaben.

sparrow's fart ['spærəʊzfɑːt] — **saufrüh**

I had to get up at sparrow's fart to catch my plane. — Ich musste saufrüh aufstehen, um mein Flugzeug zu erwischen.

to **spaz out** [spæz'aʊt] — **abträllern, austicken**

When I told her, Sam totally spazzed out and started throwing glasses against the wall. — Als ich es ihr erzählt habe, ist Sam total ausgetickt und hat angefangen Gläser an die Wand zu schmeißen.

specky-four-eyes ['spekiˈfɔːʳaɪz] *pej* — die **Brillenschlange**

Becky's a specky-four-eyes, but we like her anyway. — Becky ist eine Brillenschlange, aber wir mögen sie trotzdem.

speed [spiːd]	das **Speed**
Then he started running about as if he were high on speed!	Dann begann er rumzurennen, als ob er mit Speed zugedröhnt wäre.
to **spew (up)** [spjuː(ˈʌp)]	**göbeln**
It was so disgusting, I thought I was gonna spew up!	Es war so widerlich, ich dachte, ich muss gleich göbeln.
to **spill the beans** [ˌspɪlðəˈbiːnz]	**die Katze aus dem Sack lassen**
The meal was going fine until Roger spilt the beans about our divorce.	Das Essen verlief gut, bis Roger die Katze aus dem Sack gelassen hat und von unserer Scheidung erzählte.
to **spit feathers** [spɪtˈfeðəʳz]	**vor Wut platzen**
She'll be spitting feathers when she finds out about the broken vase!	Sie wird vor Wut platzen, wenn sie das mit der zerbrochenen Vase herausfindet!
spliff [splɪf]	die **Keule**
Let's roll a spliff before we go in.	Lass uns 'ne Keule fetzen, bevor wir reingehen.
spot on [ˈspɒtɒn]	**goldrichtig**
Spot on! My sentiments exactly!	Goldrichtig! Ganz meine Meinung!
to **spread it on thick** [ˌspredɪtɒnˈθɪk]	**dick auftragen**
Don't worry about Tracey; she always likes to spread it on a bit thick.	Mach dir keine Sorgen um Tracy; sie trägt gerne ein bisschen dick auf.
sprog [sprɒg]	das **Balg**
Has Pat dropped her sprog yet?	Hat Pat ihr Balg schon gekriegt?

sprogged up [sprɒgd'ʌp]	**einen Kaspar in der Schublade haben**
She's sprogged up again!	Sie hat schon wieder einen Kaspar in der Schublade!
spud [spʌd]	die **Kartoffel**
How about jacket spuds for tea?	Wie wär's mit Ofenkartoffeln zum Abendessen?
squaddie ['skwɒdi]	der **Soldat**
The pub was full of rowdy squaddies.	Die Kneipe war voll von pöbelnden Soldaten.
square [skweəʳ]	der **Spießer**
What a boring old square she's turned out to be!	Sie ist so ein alter Spießer geworden!
squeeze [skwiːz]	die **Eroberung**
Have you seen John's new squeeze? She's a real babe!	Hast du Johns neue Eroberung gesehen? Das ist eine Frau!
stacked [stækt]	**Holz vor der Hütten**
Wendy's certainly well stacked!	Wendy hat echt viel Holz vor der Hütte!
stark bollock naked [ˌstɑːkbɒlək'neɪkɪd]	**splitterfasernackt**
They dared him to run down the train stark bollock naked.	Sie forderten ihn dazu auf, splitterfasernackt den Zug entlang zu rennen.
starkers ['stɑːkəz]	**nackert, nackig**
I can't come out, I'm still starkers!	Ich kann nicht rauskommen, ich bin doch noch nackig.
steaming[1] ['stiːmɪŋ]	**ralle, hackedicht**
Needless to say, we were absolutely steaming after the sixth pub!	Ich muss nicht extra erwähnen, dass wir nach der sechsten Kneipe absolut ralle waren!

steaming[2] ['sti:mɪŋ] That steaming idiot just pulled out right in front of me!	**voll; Voll-** Dieser Vollidiot ist direkt vor mir rausgezogen!
stick in the mud ['stɪkɪnðəˌmʌd] Come with us! Don't be such an old stick in the mud.	der **Langweiler** Komm mit uns! Sei nicht so ein alter Langweiler.
sticks [stɪks] Mary lives right out in the sticks.	**am Arsch der Welt** Mary wohnt am Arsch der Welt.
sticky-fingered [ˌstɪki'fɪŋgəd] I wouldn't trust him, he's a bit sticky-fingered, if you ask me!	**lange Finger haben** Ich würde ihm nicht trauen. Wenn du mich fragst, macht er gerne lange Finger!
stiff [stɪf] The reception was full of stiffs, so I left early.	der **Langweiler** Der Empfang war voller Langweiler, also bin ich früher gegangen.
stiffy ['stɪfi] I can't believe he got a stiffy in the swimming pool!	der **Ständer** Ich kann nicht glauben, dass er im Schwimmbad einen Ständer bekommen hat!
stinking ['stɪŋkɪŋ] I ended up with a stinking hangover.	**Wahnsinns-, wahnsinnig** Am Schluss hatte ich einen Wahnsinnskater.
stinking rich ['stɪŋkɪŋˌrɪtʃ] He's stinking rich! Let him pay for once!	**stinkreich** Er ist stinkreich! Lass ihn mal bezahlen!
stinks [stɪŋks] They're making you work on the weekend? That really stinks!	**stinkt zum Himmel** Lassen die dich wirklich am Wochenende arbeiten? Das stinkt zum Himmel!

Stinking / stonking / steaming

Es gibt eine Reihe von Wörtern, die man im Slang als allgemein intensivierend anwenden kann, wie *steaming, stinking, stonking, whacking*: *There was a stonking great hole in the floor.* (Da war ein wahnsinnig großes Loch im Boden.); oder: *The steaming idiot banged my car.* (Der Volltrottel hat mein Auto gerammt.). Man kann sie beliebig austauschen. Eine stärkere Betonung bekommt die Sache mit den ebenso austauschbaren Euphemismen von *fucking*, nämlich *flipping, frigging*, oder *effing*: *My effing car wont start!* (Mein verdammtes Auto will nicht starten!).

stoned [stəʊnd] We all sat around getting stoned and playing the guitar.	**zugeknallt, zugedröhnt** Wir sind alle rumgesessen, haben uns zugedröhnt und Gitarre gespielt.
stonking [ˈstɒŋkɪŋ] Everyone was having a stonking good time.	**Wahnsinns-, wahnsinnig** Alle hatten wahnsinnig viel Spaß.
storming [ˈstɔːmɪŋ] We had a storming night out – you should have been there!	**geil** Wir hatten einen geilen Abend – du hättest dabei sein sollen!
straight[1] [streɪt] It's a gay bar but it's also popular among the straight crowd.	**hetero** Es ist eine Schwulenbar, aber sie ist auch bei den Heteros beliebt.
straight[2] [streɪt] I've been trying to go straight since they let me out of prison.	**sauber** Ich versuche sauber zu bleiben, seit sie mich aus dem Gefängnis entlassen haben.
strapped for cash [ˌstræptfəˈkæʃ] Sorry, I'm a bit strapped for cash this week.	**pleite, blank** Tut mir leid, ich bin diese Woche ziemlich pleite.

street cred ['stri:tkred] — die **Coolness**
Being seen with your parents is no good for your street cred! — Mit den Eltern gesehen zu werden, ist nicht besonders cool.

stressed out [strest'aʊt] — **gestresst**
I'm so stressed out. I don't know how I'm gonna get everything done! — Ich bin so gestresst. Ich weiß nicht wie ich alles schaffen soll!

strewth! [stru:θ] — **Wow!**
Strewth! That was a close shave! — Wow! Das war knapp!

strop [strɒp] — der **Anfall**
They wouldn't refund my money so I got into a strop. — Sie wollten mir mein Geld nicht zurückbezahlen, da hab' ich einen Anfall gekriegt.

stroppy ['strɒpi] — **stinkig**
Now there's no need to get stroppy! — Kein Grund stinkig zu werden!

to **strut ones stuff** — **abtanzen**
Mike put on his pulling shirt and strutted his stuff on the dancefloor. — Mike zog sein Aufreißerhemd an und ging abtanzen.

stuck-up [stʌk'ʌp] — **eingebildet**
She's so stuck-up, she does all her shopping in exclusive boutiques! — Sie ist so eingebildet, sie kauft nur in exklusiven Boutiquen ein!

to **stuff** [stʌf] — **scheißen auf**
Stuff the diet, I'm gonna have a piece of the gateau. — Scheiß auf die Diät, ich esse ein Stück von der Torte.

stuff it! — **Scheiß drauf!**
Stuff it! I'm going down the pub and that's that! — Scheiß drauf! Ich geh jetzt in die Kneipe und basta!

stuff that! ['stʌfðæt]
He wants me to pay for the damage. – Stuff that!

der / die hat sie ja wohl nicht alle
Der will, dass ich den Schaden bezahle. – Der hat sie ja wohl nicht alle!

stuffed[1] [stʌft]
Have some more cake! – No thanks, I'm stuffed!

pappsatt
Nimm dir noch Kuchen! – Nein danke, ich bin pappsatt!

stuffed[2] [stʌft]
We'll be stuffed if we don't get this done on time.

erledigt
Wir sind erledigt, wenn wir das nicht rechtzeitig fertig bekommen.

to **not be stuffed**
I'm not stuffed with going out drinking tonight

kein Bock haben
Ich hab keinen Bock heute Abend saufen zu gehen.

to **suck up** [sʌk'ʌp]
Andy got a company car by sucking up to his boss.

sich einschleimen
Andy hat einen Firmenwagen bekommen, weil er sich bei seinem Chef eingeschleimt hat.

sucker ['sʌkəʳ] *pej*
He's such a sucker – he'll believe anything!

der **Einfaltspinsel**
Er ist ein solcher Einfaltspinsel – er würde einfach alles glauben!

sugar! ['ʃʊgəʳ]
Oh sugar! I forgot to turn the iron off!

Scheibenkleister!
Oh Scheibenkleister! Ich hab vergessen das Bügeleisen auszuschalten!

suit [suːt]
The suits make all the decisions and we just do the donkey work.

der **Anzug**
Die Anzüge treffen die Entscheidungen und wir machen nur die Drecksarbeit.

supergran ['suːpəʳgræn]
Look at supergran there with the blue rinse.

die **Poweromi**
Sieh mal die Poweromi da vorne mit ihrer bläulichen Tönung.

to **surf the crimson wave** ['sɜːfðəˌkrɪmzᵊn'weɪv]
auf der roten Welle surfen

I don't want to go swimming, I'm surfing the crimson wave.
Ich mag nicht Schwimmen gehen, ich surf gerade auf der roten Welle.

to **suss (out)** [sʌs('aʊt)]
durchschauen; blicken

We couldn't suss out how the ticket machine works.
Wir haben's nicht geblickt, wie der Fahrscheinautomat funktioniert.

sussed [sʌst]
durchschaut

I've got you sussed, so don't try anything on!
Ich habe dich durchschaut, also versuche ja nicht, mich zu verarschen!

to **swan** [swɒn]
herumschlendern

She's been swanning around Europe the whole summer.
Sie ist den ganzen Sommer durch Europa getigert.

to **swan off** ['swɒnɒf]
abdampfen

He's swanned off home early.
Er ist früh nach Hause abgedampft.

no sweat!
Kein Problem!

Do you think we can do it? – No sweat!
Glaubst du, wir schaffen das? – Kein Problem!

sweet F.A./Fanny Adams [swiːtˌef'eɪ/-ˌfæni'ædəmz]
einen Dreck

Get off your arse and do some work! You've been doing sweet F.A. all day!
Beweg deinen Hintern und arbeite was! Du hast den ganzen Tag einen Dreck getan!

to **swing both ways** [ˌswɪŋbəʊθweɪz]
beidseitig befahrbar

Paul isn't gay, I think he swings both ways.
Paul ist nicht schwul, ich glaube, er ist beidseitig befahrbar.

swot [swɒt] Caroline's such a swot – no wonder she hasn't got any friends!	**Tafelglotzer** Caroline ist so eine Tafelglotzerin – kein Wunder, dass sie keine Freunde hat!
to **swot** [swɒt] I've been swotting for the exam all week, but I still don't think I'll pass.	**büffeln** Ich hab die ganze Woche für die Prüfung gebüffelt, aber ich glaub trotzdem nicht, dass ich bestehen werde.
swotty [swɒti] He usually hangs around in the library with the swotty crowd.	**streberhaft** Er hängt normalerweise mit den Strebern in der Bibliothek rum.
ta! [tɑː] Ta, mate – I'll pay you back!	**Danke!** Danke Kumpel – ich geb's dir zurück!
Taffy ['tæfi] *pej* That Taffy accent of hers really gets on my nerves!	der **Waliser**, die **Waliserin** Dieser walisische Akzent von ihr geht mir echt auf die Nerven!
to **take five** [teɪk'faɪv] Good work! Right, let's take five, folks!	**ne 15 machen** Gute Arbeit! O.k. Leute, machen wir 'ne 15!
tally-ho! [ˌtæli'həʊ] Well come along then, my dear. Tally-ho!	**Tschüssi!** Also dann komm mit mein Schatz. Tschüssi!
ta-ra! ['tɜːrɑː] See ya soon! Ta-ra!	**Tschau-tschau!** Bis bald! Tschau-tschau!
tart [tɑːt] She snogged three different blokes last night – what a tart!	die **Schlampe** Sie hat gestern Abend mit drei verschiedenen Typen rumgeknutscht – was für eine Schlampe!

tart fuel ['tɑːtfjuːᵊl] — der **Schlüpferstürmer**

They got tanked up on tart fuel and went clubbing.

Sie haben sich mit Schlüpferstürmer vollaufen lassen und sind durch die Discos gezogen.

to **tart up** [tɑːt] — **aufpimpen, aufbitchen**

We got tarted up and went out on the town.

Wir haben uns aufgebitcht und sind in die Stadt gezogen.

tash [tæʃ] — der **Respektbalken**

That new tash makes him look ridiculous!

Mit diesem neuen Respektbalken sieht er lächerlich aus!

technicolour yawn ['teknɪˌkʌləʳ'jɔːn] — der **Würfelhusten**

After ten pints, Jamie dashed to the loo and let out a huge technicolour yawn.

Nach zehn Bier ist Jamie aufs Klo gerast und hat einen mords Würfelhusten abgelassen.

thanks a bunch! [ˌθæŋksə'bʌn(t)ʃ] — **Na herzlichen Dank!** *(ironisch)*

What? Is that all you're offering? Thanks a bunch!

Was? Ist das alles was du anzubieten hast? Na herzlichen Dank!

thanks for nothing! [ˌθæŋksfəʳ'nʌθɪŋ] — **Vielen Dank!** *(ironisch)*

Well thanks for nothing, you tight-fisted bastard!

Vielen Dank, du geiziger Arsch!

thick as a brick [ˌθɪkəzə'brɪk] *pej* — **dumm wie Schifferscheiße**

He won't know, he's thick as a brick!

Das wird er nicht wissen, er ist dumm wie Schifferscheiße!

thick as two short planks [ˌθɪkəztuːʃɔːt'plæŋks] *pej* — **dümmer als die Polizei erlaubt**

The sales advisor really was as thick as two short planks.

Der Verkäufer der uns beraten hat war echt dümmer als die Polizei erlaubt.

thickhead ['θɪkhed] *pej* — der **Vollpfosten**
That thickhead tried to boil milk in a kettle! — Dieser Vollpfosten hat versucht, Milch im Wasserkocher zu kochen!

thingy-ma-jig ['θɪŋəmə͵dʒɪg] — **Dingsda**
I need one of those thingy-ma-jigs to unblock the toilet. — Ich brauche eins von diesen Dingsda um die Toilette wieder frei zu bekommen.

to **throw up** [θrəʊ'ʌp] — **reihern**
She tried to make it to the loo but ended up throwing up on the kitchen floor. — Sie hat versucht es bis zum Klo zu schaffen, hat dann aber auf den Küchenboden gereihert.

tight [taɪt] — **knausrig**
Don't be so tight – it's your round! — Sei nicht so knausrig – das ist deine Runde!

tight-arse ['taɪtɑːs] *pej* — der **Geizhals**
The tight-arse wouldn't donate anything! — Der Geizhals wollte nichts spenden!

tight-arsed ['taɪtɑːst] *pej* — **knausrig**
You won't get anything out of that tight-arsed bastard. — Bei diesem knauserigen Arschloch ist nichts zu holen.

tinny ['tɪni] — die **Hülsenfrucht**, das **Dosenbier**
Get the tinnies in! — Hol mal die Hülsenfrüchte!

tip [tɪp] — der **Saustall**
I tried to ignore the fact that her flat was a right tip. — Ich habe versucht, die Tatsache, dass ihre Wohnung ein richtiger Saustall war, zu ignorieren.

to **tip it down** ['tɪpɪtdaʊn] — **kübeln**
It's been tipping it down all day! — Es kübelt schon den ganzen Tag!

tit [tɪt] *vulg*
Get yer tits out for the lads!

die **Titte**
Zeigt den Jungs eure Titten!

to **get on sb's tits**
That guy's really getting on my tits!

jdm auf die Nerven gehen
Der Typ geht mir echt auf die Nerven!

on one's tod
Jen's out with her mates so I'm all on my tod tonight.

alleine
Jen ist mit ihren Freundinnen unterwegs, also bin ich heute Abend ganz alleine.

to **toddle off** [ˌtɒdlˈɒf]
Jenny toddled off into town.

(davon)schlappen
Jenny ist Richtung Stadt davongeschlappt.

todger [ˈtɒdʒəʳ] *vulg*
I couldn't believe the size of his todger!

das **Gerät**
Ich konnte nicht glauben, wie groß sein Gerät war!

toe-rag [ˈtəʊræg]
No doubt she'll bring that little toe-rag with her again!

der **Terrorkrümel**
Sicher bringt sie wieder diesen kleinen Terrorkrümel mit!

toff [tɒf]
He's started behaving like a real toff since he got in with the posh crowd.

der **Schnösel**
Er hat angefangen, sich wie ein richtiger Schnösel aufzuführen, seit er sich mit den feinen Pinkeln rumtreibt.

toffee-nosed [ˈtɒfiˌnəʊzd]
I've got not time for stuck-up, toffee-nosed sods like you!

hochnäsig
Für eingebildete, hochnäsige Typen wie dich habe ich keine Zeit!

togs [tɒgz]
Put your work togs on and get stuck in!

Klamotten
Zieh deine Arbeitsklamotten an und knie dich rein!

Tom, Dick and Harry [ˌtɒmdɪkənd'hæri]
If you tell her, every Tom, Dick and Harry will know by Monday!

Hinz und Kunz
Wenn du es ihr erzählst, wird es bis Montag Hinz und Kunz wissen.

tonsil hockey ['tɒn(t)sᵊlˌhɒki]
I wish they wouldn't play tonsil hockey in front of grandma.

das **Speichelhockey**
Mir wäre es lieb, wenn sie vor Oma nicht Speichelhockey spielen würden.

too right! ['tuːraɪt]
You think I'm angry? Too right I am!

Aber hallo!
Glaubst du ich bin sauer? Aber hallo!

top dog ['tɒpdɒg]
And that arrogant bugger's top dog once again!

der **Boss**
Und dieser arrogante Typ ist mal wieder der Boss!

top onself
Dad's gonna top himself when he finds out they lost.

sich umbringen
Papa bringt sich um wenn er erfährt, dass sie verloren haben.

toss [tɒs]
What a load of toss! Are all her books that bad?

der **Mist**
Was für ein Haufen Mist! Sind alle ihre Bücher so schlecht?

to **not give a toss** *vulg*
I couldn't give a toss what you think.

am Arsch vorbeigehen
Was du denkst geht mir am Arsch vorbei.

to **toss off** [tɒs'ɒf] *vulg*
Every Friday he shuts the curtains and tosses off in front of a blue movie.

sich einen runterholen
Jeden Freitag zieht er die Vorhänge zu und holt sich bei einem Porno einen runter.

tosser ['tɒsəʳ] *vulg, pej!*
Why is it that tossers like him are always so successful?

der **Wichser**
Wie kommt's, dass solche Wichser wie er immer so erfolgreich sind?

toss-pot ['tɒspɒt] *pej!*	die **Dumpfbacke**
You toss-pot! What did you do that for?	Du Dumpfbacke! Warum hast du das denn gemacht?
tough shit! ['tʌfʃɪt]	**Pech gehabt!**
...and if you don't like it, it's tough shit!	... und wenn's dir nicht gefällt, Pech gehabt!
tough titty! ['tʌf,tɪti]	**so ein Pech aber auch!**
We haven't got any more, so tough titty to you!	Wir haben keine mehr. Das ist aber Pech für dich!
tracky bottoms [,træki'bɒtəmz]	die **Trainingshose**
Those tracky bottoms look a bit chavvey.	Die Trainingshose sieht ein bisschen Assi aus.
tree hugger ['tri:hʌgər]	der **Umweltschützer**, die **Umweltschützerin**
A bunch of tree huggers lay down in front of the bulldozer.	Eine paar Umweltschützer legten sich vor den Bulldozer.
tricks [trɪks]	
How's tricks?	Wie geht's?
trog [trɒg] *pej*	der **Lodentony**
Get your hair cut, you look like a trog!	Lass dir mal die Haare schneiden, du siehst aus wie ein Lodentony!
to **be off one's trolley**	**wahnsinnig sein**
You'd be off your trolley to go out in that storm!	Du musst komplett wahnsinnig sein, bei diesem Sturm rauszugehen!
trolley dolly ['trɒli,dɒli] *pej*	die **Saftschubse**
He left his wife and ran off with a trolley dolly he met on the aeroplane.	Er hat seine Frau verlassen und ist mit einer Saftschubse durchgebrannt, die er im Flugzeug kennen gelernt hatte.

trolleyed ['trɒlid]
I was so trolleyed I can't remember how I got home!

plätsche
Ich war so knülle, ich weiß nicht mehr, wie ich nach Hause gekommen bin!

tuck [tʌk]
Take a bag of crisps for your tuck.

die **Mampfe**
Nimm eine Packung Chips als Mampfe mit.

to **tuck in** [tʌk'ɪn]
Tuck in before it gets cold!

reinhauen
Hau rein, bevor es kalt wird!

turd [tɜːd]
I've just squeezed out a massive turd.

die **Wurst**
Ich hab gerade eine mords Wurst abgedrückt.

twat [twæt]
He behaved like a twat last night.

das **Arschgesicht**, das **Arschloch**
Er hat sich gestern Abend wie ein Arschloch benommen.

twenty-four-seven, 24/7
[ˌtwentifɔː'sevᵊn]
He thinks of her twenty-four-seven.

vierundzwanzig Stunden; von morgens bis abends
Er denkt von morgens bis abends an sie.

two sandwiches short of a picnic
[ˌtuːˌsænwɪdʒɪzʃɔːtəvə'pɪknɪk] *pej*
Our drama teacher's two sandwiches short of a picnic.

einen an der Waffel haben
Unser Schauspiellehrer hat einen an der Waffel.

umpteen [ʌm(p)'tiːn]
I've told you umpteen times to leave your boots outside!

x-mal
Ich hab dir x-mal gesagt, du sollst deine Stiefel draußen lassen!

undercrackers ['ʌndəʳˌkrækəʳz]
I prefer normal boxer shorts to those undercrackers.

der **Zipfelzwicker**
Normale Boxershorts mag ich lieber als diese Zipfelzwicker.

unreal [ʌn'rɪəl] — **irre**

That's absolutely unreal! — Das ist total irre!

up for it ['ʌpfə'ɪt] — **Bock haben; heiß sein**

Paul will be up for it – he loves a party! — Paul wird heiß darauf sein – er liebt Partys!

up yours! ['ʌpjɔːz] *vulg* — **leck mich doch!**

You yours, you arrogant bastard! — Leck mich doch, du arroganter Arsch!

uptight [ʌp'taɪt] — **verklemmt**

Don't be so uptight; it doesn't suit you! — Sei nicht so verklemmt; das passt nicht zu dir!

to **veg out** [veʤ'aʊt] — **abkeimen, abhängen**

We thought we'd just veg-out in front of the TV tonight. — Wir dachten, wir hängen heute Abend einfach nur vor dem Fernseher ab.

veggie ['veʤi] — der **Vegetarier, Getreidekauer,** die **Vegetarierin, Getreidekauerin**

There's a separate platter for the veggies. — Für die Getreidekauer gibt es ein extra Gericht.

verbal diarrhoea [ˌvɜːbəlˌdaɪə'rɪə] — das **Gefasel**

I'm not listening to this verbal diarrhoea! — Dieses Gefasel höre ich mir nicht an!

wacko ['wækəʊ] — **durchgeknallt**

Her wacko sister thought it'd be a good idea. — Ihre durchgeknallte Schwester dachte, es wäre eine gute Idee.

wad [wɒd] — der **Batzen**

She stuffed a wad of money into her back pocket. — Sie steckte sich einen Batzen Geld in die Gesäßtasche.

to **waffle** ['wɒfl̩]	**rumsülzen**
Sue's been waffling on the phone for over an hour.	Sue sülzt schon über eine Stunde am Telefon rum.
waffle ['wɒfl̩]	das **Gesülze**
What a load of boring waffle!	Was für ein Haufen langweiliges Gesülze!
wally ['wɒli]	der **Dussel**
You great wally!	Du Dussel!
to **wangle** ['wæŋgl̩]	**deichseln; sich herauswinden**
How are you gonna wangle your way out of that mess?	Wie willst du dich aus diesem Schlamassel wieder herauswinden?
to **wank** [wæŋk] *vulg*	**sich einen runterholen**
She likes him to wank in front of her.	Es gefällt ihr, wenn er sich vor ihr einen runterholt.
wanker ['wæŋkəʳ] *pej!*	der **Wichser**
I won't be sad to see the back of that wanker.	Ich werde diesem Wichser nicht nachtrauern.
wannabe ['wɒnəbi]	**Möchtegern-**
She's a wannabe model.	Sie ist ein Möchtegern-Model.
waste of space [weɪstəv'speɪs]	der **Abschaum**, der **Loser**
That boyfriend of yours is a real waste of space.	Dein Freund ist ein echter Loser.
wasted ['weɪstɪd]	**ralle, strack**
She was absolutely wasted when she snogged him.	Sie war total strack als sie ihn abknutschte.
waterworks ['wɔːtəʳwɜːks]	das **Geheule**
Turn off the waterworks and pull yourself together!	Hör mit dem Geheule auf und nimm dich zusammen!

wee [wiː]	das **Pipi**
I'll just pop for a wee.	Ich geh kurz Pipi machen.
weed [wiːd]	das **Gras**
We smoked some weed and drank a few beers.	Wir haben ein bisschen Gras geraucht und ein paar Bier getrunken.
weed [wiːd]	der **Schwächling**
Mark's such a skinny weed of a man!	Mark ist so ein dürrer Schwächling von einem Mann!
well hung [welˈhʌŋ]	**gut bestückt**
He's well hung to say the least!	Man muss schon sagen, er ist gut bestückt!
wet [wet]	**schlappschwänzig**
Her brother's so wet, I don't know how she stands it!	Ihr Bruder ist ein solcher Schlappschwanz, ich weiß nicht, wie sie das aushält!
wet blanket [wetˈblæŋkɪt]	der **Waschlappen**
Oh don't be a wet blanket – come to the party and have some fun!	Och sei kein Waschlappen – komm auf die Party und hab ein bisschen Spaß!
to **whack** [(h)wæk]	**knallen**
Amy whacked him across the face and stormed out.	Amy knallte ihm eine ins Gesicht und stürmte nach draußen.
whack [(h)wæk]	der **Knall**
I gave it a whack and it started working again!	Ich hab draufgeknallt und es hat wieder funktioniert!
whacking [ˈ(h)wækɪŋ]	**mega-**
I've just eaten a whacking great slab of cake.	Ich hab gerade ein Megastück Kuchen gegessen.

whacko ['(h)wækəʊ] — **durchgeknallt**
He's gone a bit whacko since his wife left. — Er ist ein bisschen durchgeknallt, seit seine Frau weg ist.

whatchamacallit ['wɒtʃəˈməˌkɔːlɪt] — **Dingsbums**
You need a whatchamacallit to do that properly! — Du brauchst so ein Dingsbums um das richtig zu machen!

what-for ['(h)wɒtfɔːʳ] — eine **Abreibung**
I'll give him what for! — Der soll mich mal kennen lernen!

what's-his-face ['(h)wɒtsɪzˌfeɪs] — **Dingens, wie-heißt-er-noch**
Hey that's what's-his-face, Rob's brother! — Hey, das ist noch der Dingsda, Rob's Bruder!

wheels [wiːlz] — die **Schüssel**, die **Kiste**
Jane's got a hot new set of wheels! — Jane hat 'ne heiße neue Schüssel!

whinge [(h)wɪnʤ] — **Nörgelei**
We had a good whinge about work. — Wir haben uns ordentlich über die Arbeit ausgekotzt.

to **whinge** [(h)wɪnʤ] — **rummädeln, rumnölen**
Shut up and stop whinging! — Halt die Klappe und hör auf rumzumädeln!

whingebag ['(h)wɪnʤbæg] — der **Nörgler**, der **Motzkeks**
Don't be such a whingebag! — Sei kein Motzkeks!

whip-round ['(h)wɪpraʊnd] — die **Spende**
After the trip they had a whip-round for the coach driver. — Nach dem Ausflug haben sie eine kleine Spende für den Busfahrer gesammelt.

whole hog [həʊl'hɒg] — **das Ganze; Nägel mit Köpfen**
They're going to go the whole hog. — Die werden auf's Ganze gehen!

whopper ['(h)wɒpəʳ] — das **Mordsding**
He did a real whopper in his nappy this morning! — Der hatte heute Morgen ein Mordsding in seiner Windel!

wicked ['wɪkɪd] — **geil, krönungsbedürftig, knorke**
Kate's got a wicked new haircut! — Kate hat 'ne krönungsbedürftige neue Frisur!

wierdo ['wɪədəʊ] *pej* — der **Spinner**, die **Spinnerin**
God, you're such a wierdo! — Gott, bist du ein Spinner!

wigga ['wɪgəʳ] — der **Wigga**
Wiggaz think they're black, except they're not. — Wiggaz glauben, sie seien schwarz, sind sie aber nicht.

wimp [wɪmp] — der **Schwächling**
What a wimp! — Was für ein Schwächling!

to **wise up** ['waɪzʌp] — **aufwachen**
You'd better wise up fast or there'll be trouble! — Zeit, dass du aufwachst, sonst gibt's Ärger!

to **throw a wobbly** [ˌθrəʊə'wɒblˌi] — **durchdrehen**
Mum's gonna throw a wobbly when she sees what you've done! — Mama dreht durch wenn sie sieht, was du angerichtet hast!

wog [wɒg] *pej!* — der **Neger**, der **Kanake**
That's a wog district. — Das ist ein Negerviertel.

wog-box ['wɒgbɒks] *pej!* — der **Negerkoffer**
We could take the wog-box to the park. — Wir könnten den Negerkoffer mit in den Park nehmen.

wonky ['wɒŋki] — **krumm**
That picture frame's wonky! — Der Bilderrahmen ist krumm.

wop [wɒp] *pej!* — der **Spaghettifresser**
Sarah's new bloke's a wop. — Sarah's Neuer ist ein Spaghettifresser.

World Wide Wait [wɜːldwaɪd'weɪt]	das **Welt Weite Warten** *(Internet)*
Your phone was engaged for ages. – Yeah, I was on the World Wide Wait!	Dein Telefon war ewig besetzt. – Ja, ich war im Welt Weiten Warten.
to **worship the porcelain god / altar** [ˌwɜːʃɪpðəˌpɔːsᵊlɪn'gɒd]	**Schüsselbrüllen, Würfelhusten haben**
Something didn't agree with me and I spent the night worshipping the porcelain god.	Irgendetwas habe ich nicht vertragen und die ganze Nacht mit Schüsselbrüllen verbracht.
wrinkly ['rɪŋkli] *pej*	der **Komposti**
A busload of wrinklies have just arrived.	Eine Busladung Kompostis ist gerade angekommen.
wuss [wʊs]	der **Waschlappen**
Oh, get up and stop being such a wuss!	Komm, steh auf und sei kein Waschlappen!
yob [jɒb]	der **Rowdy**
He's turned into a real yob.	Er ist ein richtiger Rowdy geworden.
yuck [jʌk]	die **Moppelkotze, würg!**
Yuck! I'm not eating that!	Würg! Das ess' ich nicht!
yucky ['jʌki]	**ekelhaft**
The dog's left a yucky mess in the living room!	Der Hund hat eine ekelhafte Sauerei im Wohnzimmer hinterlassen!
zilch [zɪltʃ]	**null, nix**
They offered me nothing in return – zilch!	Sie haben mir nichts im Gegenzug angeboten – null!
to **zip it** ['zɪpɪt]	**das Maul halten**
Just zip it, will you?	Halt einfach das Maul, o.k.?

to **keep it zipped** ['ki:pɪt,zɪpt]	**halt die Klappe**
Now keep it zipped you two!	Jetzt haltet die Klappe ihr Zwei!
zit [zɪt]	der **Pickel**
Not another bloody zit!	Nicht noch ein verdammter Pickel!
zonked [zɒnkt]	**hundemüde**
Joe's really zonked so he won't be out tonight.	Joe ist hundemüde, er wird heute Abend zu Hause bleiben.
Z's [zedz]	das **Nickerchen**
I'm gonna go home and catch some Z's.	Ich werd nach Hause gehen, ein Nickerchen machen.

Die 1000 wichtigsten Wörter

Englisch
Slang

Glossar
Deutsch – Englisch

abblitzen lassen	knock back
abdampfen	swan off
abdrehen	lose one's rag; lose the plot
Aber hallo!	too right!
abfahren	get off (on)
abfinden, sich	like it or lump it; lump it
Abflug machen	hit the road
abgefahren	def, mental
abhängen	chill, veg / hang out
abhauen	bugger off; leg it
abkaufen	buy
abkeimen	veg out
ablachen	crack up
ablästern	slag off
abluchsen	con out of
abnibbeln	snuff it
abregen, sich	cool it
Abreibung	what-for
abschädeln	get out of one's head
Abschaum	pond life, scum
abschieben	eff off, push off
abschimmeln	bored shitless
abservieren	chuck
abstellen	gross out
abtanzen	strut ones stuff
abträllern	spaz out
Abzocke	rip off
Ach du Scheiße!	flipping heck!; fuck me! *vulg*
Achtung schenken	big up
Affe	gobshite
Alk	booze
alleine	on one's tod
Allerletzte	pits
alles geregelt	sorted
alles in Butter	hunky-dory
Alte	her indoors
alte Ziege	old bag
Alte(r)	old man; dude
am Arsch	buggered, screwed *vulg*
am Arsch der Welt	sticks
am Arsch vorbeigehen	not give a shit / toss *vulg*
am Boden	gutted
am Rad	ballistic
an der Nadel hängen	hooked
Analhusten haben	let (one) rip

Analraupe	brown-noser
anbaggern	hit on sb
andrehen	flog
Anfall	fit, strop
anficken	fuck with *vulg*
anfucken	fuck with *vulg*
Angeber(in)	moneybags
angefickt	pissed off *vulg*
angekotzt	brassed off
angesagt	in
angraben	pull, make a move
Angsthase	scaredy-cat
ankotzen	piss off *vulg*
anmalen, sich	put one's face on
Anpfiff	rollicking
anschaffen gehen	be on the game
anscheißen	fuck sb off *vulg*
Anschiss	rollicking
anschreien	bite sb's head off
anwidern	gross out
Anzug	suit
Ärger	deep shit, hassle
Ärger kriegen	be in for it
auf den Arm nehmen	have on
Arsch	arse *vulg*; dick *vulg*, fuck *vulg*
den Arsch hochkriegen	get one's arse in gear *vulg*
Arsch mit Ohren	prick
Arschbacke	dickhead *pej, vulg*
Arschficker	cunt *vulg!*, motherfucker *vulg!*
Arschgesicht	twat
arschkriechen	kiss ass *vulg*, brown-nose
Arschkriecher	brown-noser
Arschloch	arsehole *vulg*, dickhead *vulg*
Assi	chav, pleb
Assi-	plebby
Assi Schlampe	chavette
aufbitchen	doll up, tart up
aufgabeln	pull
aufgeben	kick
aufgedreht	hyper, hyped up
aufpimpen	doll up; tart up
aufreißen	pull
Aufrisszone	meat market

aufwachen	wise up
aus jds Augen veschwinden	get out of sb's face
ausflippen	flip, freak out
Ausgeflippte(r)	space cadet
ausplaudern	dish the dirt
ausrasten	freak out, flip
Ausraster	hissy fit
austicken	spaz out
baggern	on the pull
Balg	sprog
balla-balla	potty
Batzen	wad
bedüdelt	sozzled
behämmert	nuts
beidseitig befahrbar	swing both ways
bekloppt	mental
Bekloppte(r)	nut
beklunkert sein	bling-bling it
beknackte(r, s)	poxy
beruhige dich	keep your hair on
beruhigen, sich	chill out
beschaffen	hustle
bescheißen	con, do the dirty on
bescheuert	bonkers, daft
bescheuert(e,r)	effing, frigging
Beschiss	rip-off
beschissen	crappy, shite; shitty
in Beschlag haben	hog
beschränkt	soft in the head
besoffen	pissed, smashed
bessere Hälfte	her indoors, the missus
Betbruder	bible basher
bewölkt	dim, not all there
Beziehung nebenher	bit on the side
bis denne!	later
blank	skint, strapped
blau	legless
blau machen	bunk off , skive (off)
bläuen	bunk off, skive (off)
blechen	fork out
blicken	suss (out)
blickficken	eye fuck *vulg*
blöd	gormless
Blödman	git
Blödsinn machen	piss around / about

Bock haben	up for it
kein Bock haben	not be fucked / stuffed *vulg*
null Bock haben	not be arsed
Bockmist	fuck-up *vulg*, screw-up
bockstark	bitchin
Bombe	buff
Booty	booty
böser Blick	hairy eyeball
Boss	top dog
Braut	piece of skirt *pej*
breit	bevvied, plastered, slaughtered
Briefträger	postie
Brillenschlange	specky-four-eyes *pej*
Bruchbude	dump
Bude	pad
büffeln	swot
Bulle	cop
Bullen	the Bill
bumsbar	shaggable *vulg*
bumsen	shag, fuck *vulg*
Bürohengst	pencil pusher
checken	check out
Checker-	savvy
clever	savvy
cool	cool, funky
Coolness	street cred
Couchpotato	couch potato
cremig bleiben	take a chill pill
Crew	posse
Na herzlichen Dank!	thanks a bunch!
Danke!	ta!, cheers!
davonschlappen	toddle off
deichseln	wangle
Depp	moron *pej*; mug *pej*
Depp vom Dienst	skivvy
dicht halten	keep schtum
nicht ganz dicht	off one's head
dick auftragen	pour it on (thick)
dick geflasht	O.T.T.
Dienstmädchen	skivvy
ein Ding drehen	pull a job
Dingens	what's-his-face
Dingsbums	whatchamacallit
Dingsda	thingy-ma-jig

dissen	diss
Draufgänger	lad
drauf-gängerisch	laddish
einen (feuchten) Dreck	sweet F.A. / Fanny Adams
dreckig	grotty
Dreckskerl	motherfucker *vulg*, scumbag
Preckssack	shit *vulg*
Drückebergerei	cop-out
drücken	shoot up
du mich auch!	same to you with brass knobs on!
Dummchen	bimbo *pej*
Dummerchen	silly sausage
Dumpfbacke	dumbo; toss-pot *pej!, vulg*
Dünnschiss	the runs, the shits
durchdrehen	lose it, throw a wobbly
Durchfall	Delhi belly
durchgedreht	loopy
durchgeknallt	w(h)acko
durchrasseln	flunk
durchschauen	suss (out)
durchschaut	sussed
durchsumpfen	all-nighter
Dussel	wally
DVD, Depp vom Dienst	dogsbody , door-mat, muggins
eben nicht	not!
Eier	nuts
Einfaltspinsel	sucker
eingebildet	snotty (nosed), stuck-up
einmalige(r, s)	one-off
einpennen	conk out, nod off
einschleimen, sich	suck up
eintüten	nick
ekelhaft	minging, jucky, gross
Ekelpaket	slimeball *pej*
eklig	manky, rank
endmadig	crap
entschleunigen	chill out
erledigt	shattered
Im Ernst?/!	no kidding ?/!
Eroberung	squeeze
Erzähl mir nix!	come off it
Euterdraht	boulder holder
ewig	donkeys

den Faden verlieren	lose the plot
in Fahrt bringen	get going
nicht jds Fall	not one's cup of tea
faul rumhängen	doss around
faule(r) Hund	dosser
faule(r) Sack	slob
fertig machen	do in
fett	bevvied
fetzig	groovy
Fick	fuck, screw *vulg*
fick dich!	fuck you! *vulg*
Fickbeziehung	fuck buddy *vulg*
ficken	fuck *vulg*
(zum Ficken) scharf	fuckable *vulg*
lange Finger haben	sticky-fingered
fix und fertig	knackered
fix und foxi	shattered
fjeden	fo sho
flachlegen	lay, nail *vulg*
Flasche	drip
die Flatter machen	piss off *vulg*
die Fliege machen	leg it
Flittchen	scrubber
flitzen	pop
Fotze	cunt *vulg!*
Fratzengeballer	punch up
frech	lippy
Freitag	poet's day
die Fresse halten	shut one's face / gob / trap
jd die Fresse polieren	punch sb's lights out
Fresserei	nosh-up
Fresskick	munchies
Freundchen	pal
frisch	parky
Fünf gegen Willi	mary palm and her five sisters
ne 15 machen	take five
funky	funky
funzt nicht	numptied
Furz	fart
furzen	fart
Fusel	plonk
Futterage	nosh
Ganze	whole hog
ganze Sache	full Monty

ganzen Tag	twentyfour-seven, 24/7
gar nix	bugger all
Gefasel	verbal diarrhoea
gefickt	fucked *vulg*
gefickt	screwed
was geht	what's the crack / score
Geheule	waterworks
geil	wicked; hot to trot
geilo!	sorted!
Geizhals	tight-arse
Gelage	nosh-up
genervt	cheesed off, narked
genial	pukka, smashing
geplättet	gobsmacked
Gerät	todger *vulg*
gereizt	ratty
Geschenk	prezzie
geschickt	nifty
Gesichts-elfmeter	face like the back end of a bus
Gesichts-lähmung haben	out of one's face
Gesichts-tuning	nip tuck
Gesocks	pond life *pej*
Gesöff	plonk
gestresst	stressed out
Gesülze	waffle
Getreide-kauer(in)	veggie
Giftzwerg	poison dwarf
Glatzkopf	slaphead *pej*
Ich glaub's nicht!	Bugger me; Get this!
glücklich	jammy
Glückspilz	jammy bitch
göbeln	spew (up)
goldrichtig	spot on
Golfplatz	scrubber
Graf / Gräfin Koks	Lord / Lady Muck
Gras	weed
ins Gras beißen	kick it, be pushing up daisies
Groschen	penny
grottig	grotty
gruscheln	grooch
gut bestückt	well hung
haarig	hairy

hackedicht	hammered, out of it
halbherzig	half-arsed *vulg*
mach mal halblang	keep your hair on
halt die Klappe	keep it zipped
halt's Maul!	shut it!
das ist ja der Hammer!	get a load of that!
hängen	hang
hau ab!	get lost
Haufen	shitload
aus dem Häuschen	hyped up
heiß	hot, up for it
herauswinden	wangle out of
herum-gammeln	slob about / around
herum-schlendern	swan
herumsülzen	blether
hetero	straight
high	high
hinblättern	fork out
Hintern	backside, bum
Hintern bewegen	shift one's arse
Hinz und Kunz	Tom, Dick and Harry
hirnblind	dim
hochnäsig	snobby, toffee-nosed
hochnehmen	nick
hohe(s) Tier	big shot
höllische(r, s)	roaring
Holz vor der Hütten	stacked
Homie	homeboy, homey
Hood	hood
hör auf damit!	knock it off (!)
Horst	knob-head
in die Hose machen (vor Lachen)	piss oneself
in die Hosen machen (vor Angst)	crap oneself
in die Hose scheißen	shit one's pants
die Hosen voll haben	brick it, shit bricks
die Hufe schwingen	shake a leg
Hüllen	kit
Hülsenfrucht	tinny
hundemüde	zonked
Hüngerchen haben	be peckish

Impfung	jab
Internet	World Wide Wait
intrigant	shit stirring
Intrigant(in)	shit stirrer
Ire, Irin	Paddy *pej*
irre	unreal
Irre(r)	loony *pej*
juckig	horny
für kleine Jungs gehen	see a man about a dog
KA, keine Ahnung	not the foggiest
Kacke	crap
Kacke bauen	fuck up
die Kacke ist am dampfen	shit hits the fan
kacken	shit *vulg*
Kalorienkloster	noshery
Kampffussel	pipsqueek
Kanake	wog *pej!*
kapieren	get
kaputt	knackered
kaputt machen	knacker, bugger
Kartoffel	spud
Kasper in der Schublade	bun in the oven
Katze aus dem Sack lassen	spill the beans
Kaufkraft bei Homo-sexuellen	pink pound
keimig	rank, manky
kein guter Tag	bad hair day
Kein Problem!	no probs! no sweat!
auf keinsten	no way José!
Kerl	sod
üble(r) Kerl	nasty piece of work
Keule	spliff
Kick	footie
auf dem Kieker haben	have it in for
ein Kind machen	knock up
Kinderspiel	doddle, piece of cake
Kippe	ciggy, fag
kirre	nuts
Kiste	sack; wheels
Kittchen	nick
Klamotten	rags, togs
Klappe halten	shut one's face / gob / trap
Klappse	funny farm
Klappsmühle	loony bin

klaro	fo sho
klauen	nab off; nick
Kleinholz machen	make mince-meat
Klo	bog, loo
Klöten	nads
Klugscheißer	smart-arse
Klugscheiß-modus	smart-arsed
Klunker	bling
Knackpo	buns
Knall	whack
einen Knall haben	be off it
knallen	whack
knausrig	tight, tight-arsed
kneifen	bottle out, cop out
Kneifen	cop-out
Knete	brass, dough
knorke	wicked
knülle	trolleyed
knutschen	snog
Kohle	dosh
Koks	coke, nose candy
Komposti	old fogey, wrinkly *pej*
... kann mich mal!	bollocks to ...!
du kannst mich mal!	up your bum!
Kopf	head
Kopfnuss	Glasgow kiss
Kosten	damage
Kotzbrocken	creep
kotzen	barf, chunder, hurl
Krach	argy-bargy
krachen lassen	kick ass
Krankheitstag	sickie
aufs Kreuz legen	pull a fast one
Krise	ape, apeshit
krönungs-bedürftig	wicked
Krümelhusten haben	hurl
krumm	dodgy; wonky
kübeln	tip it down; bucket it
Kuh	cow
Kumpel	homeboy, homey, pal
Kumpelbumser	backstabber
kumpelhaft	pally
kusch dich	on your bike!

labern	rabbit
lächerliche(r, s)	piddly
langsam	dozy
Langweiler	stick in the mud, stiff
lass es sein!	leave it out!
lausig	lousy
leck mich doch!	sod you!; up yours!
lecker	buff, dishy
leeres Zeug	hot air
legal	legit
Leiche	stiff
Leine ziehen	push off
Lesbe	dyke *pej*
Liebestöter	passion killers
Linke(r)	lefty
Lobi	readies
Loch	hole
Lodentony	trog
Löffel abgeben	kick it, kick the bucket
Loser	saddo, loser
Lusche	loser, piss-artist
Macho	lad
machomäßig	laddish
Mackes	Maccy D's
für kleine Mädchen gehen	powder one's nose
Mampfe	grub, nosh, tuck
mampfen	scoff
Männerbusen	man boobs
Märchen	porkies
massiv vierlagig	lush
Matratze	shag bag *vulg, pej*
Maul	gob
das Maul halten	zip it
Mäuse	smackeroos
McDoof	Maccy D's
mega-	whacking
mega stark	mega
megageil	kickin'
megagroß	ginormous, humongous
Megakohle	megabucks, packet
megamäßig	big way, big time
megareich	loaded
mickrig	measly
mies	crummy
Mist	bull(shit), crap, rot

Mist!	sod it! blast!
Miststück	bitch
Möchtegern-	wannabe
MOF (Mensch ohne Freunde)	Norman (no mates)
Moment	mo
Moos	bread
Moppelkotze	gross, yuck
Möpse	jugs, puppies, rack
Mordsding	whopper
Möse	minge, pussy *vulg!*
Motzkeks	moaning Minnie, whingebag
Muffe	balls
Mundgulli	dog breath
Murks	cock-up
Muschi	fanny
Nachbarschaft	hood
nackig	starkers
Nägel mit Köpfen	whole hog
nageln	shaft
Nahkampf-stachel	one-eyed trou-ser-snake
Nase pudern	powder one's nose
natsen	take the Mickey
Neger	wog *pej!*
Negerkoffer	wog-box *pej!*
auf die Nerven gehen	get on sb's tits
Nervensäge	pain in the backside
nervig	pain in the backside
nichts	jack all
nichts besonderes	nothing to write home about
Nickerchen	Z's
nie im Leben	fat chance
Nie im Leben!	Not on your Nellie!
Nippelwetter	brass monkeys
nix	nowt, zilch
Nörgelei	whinge
Nörgler(in)	whingebag
null	zilch
nullacht-fuffzehn	run of the mill
Nullchecker	fuckwit *vulg, pej*
Nummer	leg-over, shag *vulg*
Nümmerchen	nookie, rumpy-pumpy

übers Ohr hauen	rip off
Omi	nan
Opfer	saddo
Ossimatte	mullet
Paar	item
Paket	lunchbox
pappsatt	stuffed
Parfümerie-artikel	smellies
Pech gehabt!	Tough shit!
So ein Pech aber auch!	Tough titty!
peinlich	sad
Pelz	bush, pubes
pennen	crash
pervers	pervy
pfostig	dumb, gormless
Pfund	quid
phat	rad
Pickel	zit
Pinkeln	slash
Pipi	wee
Pipifax-	Mickey-Mouse
Pisse	piss *vulg*
pissen	piss *vulg*
Pizzagesicht	pizzaface *pej*
Plastik	plastic
plätsche	mental
Platz machen	budge up
pleite	strapped for cash
pofen	hit the sack, kip
Polente	old bill
Popel	bogey
Popelplane	snotrag
poplig	lousy, measly
poppen	screw
potthässlich	minging, rank
pott-hässliche(s) Teil	minger *pej*
Poweromi	supergran
primitiv leben	rough it
prollig	chavvy *pej*
pudelwohl	like a pig in shit
auf Pump	on the never-never
putz die Platte!	take a running jump!
Quatsch	bollocks
Quickie	quickie
ralle	hammered, wasted
rallen	get

rammeln	rogering
rangehen	get in there
Ranzratte	mingebag *pej*, pig
rasen	peg it
raubeinig	rough
raunzen	mouth off
rausrücken	cough up
reihern	throw up
reinhauen	tuck in
reinlegen	drop sb in it, do
relaxen	chill
Respektbalken	tash
Rettungsring	love handles, spare-tyre
Riesen-	fuck-off
riesenmäßig	humongous
riesig	big time
rille sein	not give a bugger / flying fuck *vulg*
Rotz	snot
Rowdy	lager lout, yob
rumarschen	arse around *vulg*
rumknutschen	get off
rumkriegen	score
rumlöffeln	snog
rummachen	faff / fart around
rummädeln	whinge
rumnölen	whinge
rumsülzen	waffle
runterholen, sich einen	toss off *vulg*, wank *vulg*
Runtermache	go
Saftschubse	trolley dolly *pej*
sagen	go
Was du nicht sagst!!	No shit (Sherlock)!
Sahneschnitte	bit of all right, dish
Salonlöwe	lounge lizard
Salonlöwin	lounge lizard
sarkastisch	sarky
sau-	bloody, pigging
Sau rauslassen	kick ass
sauanstrengend	knackering
sauber	straight
sauber!	nice one!
saueinfach	doddle
sauer	hacked off, narked
Sauerei	dog's dinner
Säufer(in)	boozer, soak, piss-head
Saufgelage	piss-up

saufrüh	sparrow's fart
Sauftour	pub crawl
auf Sauftour	on the piss
saugut sein	kick ass
saumäßige(r, s)	roaring
sauschlecht	chronic
sauschwer	bugger, bitch
sauschwierig	sod
Saustall	tip
saustark	badass, bitchin
scharf *(Mann:)*	hunky
Schatz	pet, petal
Scheiben-kleister!	sugar!
Scheiß	bollocks *vulg*, pisser *vulg*
Scheiß-	bastard, bloody, sodding
scheiß drauf	bugger it *vulg*; fuck it *vulg*
Scheiß reden	talk out of one's arse *vulg*
nur Scheiß erzählen	be full of shit
red kein Scheiß	bugger off! *vulg*
Scheißdreck	bugger all, sod all *vulg*
'nen Scheißdreck	fuck-all *vulg*
Scheiße	shit; bull(shit); cock-up *vulg*
Scheiße bauen	bugger up *vulg*
Scheiße erzählen	bullshit
in der Scheiße sitzen	up shit creek
scheißegal sein	not give a (flying) fuck *vulg* / shit
scheißen	shit
scheißen auf	stuff
Scheißkerl	bastard, shit-head *vulg, pej*
scheißver-dammte(r)	motherfucking *vulg*
scheißwütend	fucked off *vulg*
einen Scherz machen	take the piss
schick	nifty
schief	pear-shaped
schimmeln	chill out
keinen blassen Schimmer haben	not know one's arse from one's elbow *vulg*
Schimpfen	effing and blinding
schischi	poncey
Schizzo	schizzo
Schläfchen	kip

Schlampe	slag, slapper, tart *pej*
schlapp-schwänzig	wet
Schlaumeier	cleverclogs, smarty-pants
schlecht drauf	down in the dumps
nicht schlecht aussehen	scrub up well
nicht schlecht!	nice one!
Schleckrosine	hottie, sex on legs
schleimig	smarmy
Schlüpfer-stürmer	tart fuel
Schluss machen	dump
Schmacko	hottie
schmalzig	soppy
Schmatzer	smacker
Schmatzerlack	lippy
schmeißen	chuck in; pop
schmierige(r) Kerl	sleazebag
Schminke	slap
Schmutzwurst	perve
Schnalle	ho
zur Schnecke machen	give a bollocking *vulg*, give hell
Schneckenpost	snail-mail
Schnee	nose candy
Schnells-cheißerhose	bagsters
schnellst-möglich	sharpish
Schnippi	pecker
Schnitte	bird, chick, crumpet
Schnitzer	howler
Schnodder	snot
Schnorrbert	freeloader
schnorren	bum, scrounge
Schnorrer	freeloader
Schnösel	toff
schnuckelig	fit
schnurzegal sein	not give a bug-ger *vulg* / monkey's
Schotte	Jock *pej*
Schottin	Jock *pej*
Schraube locker	screw loose
Schrottkiste	old banger
einen Schuss verpassen	shoot up
Schüssel	(set of) wheels
Schüsselbrüllen	worship the porcelain god

Schwachkopf	cretin, moron *pej*
Schwächling	weed, wimp
schwanger	knocked up, preggars
Schwanz	knob
schwedische Gardinen	can
Schwein	hog
schwer in Ordnung	sound
Schwof	boogie, bop
Schwuchtel	fag, queen *pej*
schwul	bent
Schwule(r)	queer
Seuche	lurgy
Sex	oats, seeing to
Shit	shit
singen	grass
Sitzung	dump, jobby
snobistisch	snobby
Softie	softy
Soldat	squaddie
Spaghetti Bolognese	spag bol
Spaghetti-fresser	wop *pej!*
Spasti	retard
später	in a bit
Speckröllchen	love handles, muffin top
Speckröllchen	muffin top
Speed	speed
Speichelhockey	tonsil hockey
üble Spelunke	dive
spieß nicht rum!	get a life!
Spießer	old fart, square
Spinner(in)	fruitcake, weirdo, nutter
spitze	ace
splitterfaser-nackt	stark bollock naked
Sprung in der Schüssel	nutcase
Ständer	horn, stiffy
stark	hot
starten	kick off
sich aus dem Staub machen	fuck off somewhere
sternhagelvoll	shitfaced, paralytic
stibitzen	nab, pinch
Stiesel	geek, nerd
stinkbesoffen	pissed as a fart
stinken	honk, pong

stinkig	miffed, stroppy
stinkig sein	be in a huff, pissed off
stinknormal	bog-standard
stinkreich	stinking rich
stinkt zum Himmel	stinks
Stoff beschaffen	score
strack	wasted, paralytic
Straßenpizza	chunder
stratzen	pop
Streber	eager-beaver
streberhaft	swotty
strohdoof	airhead
Stück Scheiße	piece of shit
Stulle	sarnie
sturzbesoffen	rat-arsed
Stütze	dole
süchtig	hooked
süchtig machen	be moreish
super	magic, smashing
super freundlich	pally
superlecker	lush
supi	magic
supidupi	lovely-jubbly!
Süße	dishy
Süße	hen
Tafelglotzer	swot
Takkolord	chav *pej*
Tamtam	hoo-ha
Tante Rosa	painters
tausend	K
Techtelmechtel	slap and tickle
der Große Teich	the pond
Teppichratte	rug rat
Terrorkrümel	toe-rag
... zum Teufel	... the fuck *vulg*
den Teufel	like hell
geh zum Teufel	drop dead
zum Teufel mit ...	to hell with ...
in der Tinte sitzen	up the creek (without a paddle)
Titte	tit
Tittenstrick	boulder holder
zu Tode	shitless
total	blooming, dead
sich total freuen	be chuffed
total verrückt	nuts
Trainingshose	tracky bottoms

träum weiter!	not on your Nellie!
Traumkerl	hunk
es treiben	have it off
Trottel	dweeb, mug, plonker
Tschau-tschau!	ta-ra!
Tschuldigung	soz
Tschüssi!	tally-ho!
Tunte	poof
keinen Turn haben	not be arsed
Tussi	floozie
Typ	bloke, geezer
überlisten	con into
übertrieben	O.T.T.
umbringen, sich	top onself
Umwelt-schützer(in)	tree hugger
uncool	naff
und wie!	not half!
ungedeckte(r) Scheck	rubber cheque
unsicher machen	hit
Urlaub	hols
Vegetarier(in)	veggie
verärgert	not a happy camper
Verarsche	piss-take
verarschen	con; have on, take the piss
Verarschung	con
verbocken	muck up, screw up
Verbrecherfoto	mug shot
verdammt noch mal!	for crying out loud!
verdammte Scheiße	fuck it! *vulg*
verdammte(r, s)	frigging, blee-ding, effing
verfick dich!	screw you! *vulg*
verficken, sich	fuck off *vulg*
verfickte(r, s)	pissing
vergiss es	get lost
verkackte(r, s)	fucking *vulg*
verklemmt	uptight
verknackt werden	get done for
verknallt	loved up
verkorkst	fucked up *vulg*
Verlierer	dosser
vermasseln	blow it, muck up
vermurksen	bugger (up)
vernarrt	potty

verpfeifen	grass up
verpissen, sich	piss off, fuck up *vulg*
verramschen	flog
verrückt	loopy, nutty
Verrückte(r)	sicko
versauen	arse up *vulg*, bugger up *vulg*
verschwunden	AWOL
versieben	muff
Versuch	dab
verziehen, sich	eff off
Vielen Dank! *(ironisch)*	thanks for nothing!
Vielfraß	pig
vierlagig	pukka
vögeln	shag
Vogelscheuche	hag
Vokuhila	mullet
voll	steaming
Voll-	steaming
voll abfahren auf	be hot on, mad keen on
voll bringen	hit the spot
voll dabei	mad for it
voll der Hit / Renner	the business
voll geil finden	get off on
voll hässlich	dog
voll super	the dog's bollocks
Völlerei	pig-out
Vollidiot	knob, knob-head *pej*
völlig fertig	sick as a parrot
völlig rille sein	not give a (flying) fuck *vulg*
völlig zu	out of it
volllaufen las-sen	get out of one's head
Vollpfosten	thickhead *pej*
vollstopfen, sich	pig out, stuff one's face
Volltrottel	pillock
von wegen	like hell!, my arse! *vulg*
wa	innit
einen an der Waffel haben	off one's chump
Wahnsinn	bend
wahnsinnig	round the bend
jdn wahnsinnig machen	do sb's head in
wahnsinnige (r, s)	stinking, stonking
Wahnsinns-	bad, badass, stonking

Waliser(in)	Taffy
was soll's	what the hell, ...
Waschlappen	chicken, wuss, wet planket
Wayne	Larry
weggetreten	spaced out
weghängen, sich	shift, scoot, shoot off
Weichei	big girls blouse
Weichteile	goolies, naughty bits
Wein- und Spirituosenladen	offy
auf der roten Welle surfen	be on (the rag)
werfen	drop a sprog
Wichser	tosser, wanker *vulg!*
Wichtigtuer	nosey parker
wie ein(e) Bekloppte(r)	like a blue arsed fly
wie Kopfweh	like a hole in the head
Wigga	wigga
Willi und die Zwillinge	meat and two veg
gegen den Wind pissen	piss into the wind
Wow!	strewth!
Würfelhusten	technicolour yawn
Würfelhusten haben	worship the porcelain god
würg!	gross!, yuck!
Wurst	turd
würsteln	drop a log
vor Wut platzen	spit feathers
x-mal	umpteen
mach zackig	make it snappy(!)
Zecherei	bevvy
Zechtour	bender, booze-up
Zicke	cow
Zipfelzwicker	undercrackers
Zinken	conk
zu	shitfaced, slaughtered
Zug an der Zigarette	hit
zugedröhnt	spaced out, stoned
zugeknallt	doped-up, stoned
Zungenkuss	snog

Die 1000 wichtigsten Wörter

Englisch
Slang

Thematischer Wortschatz

Swearing – Flüche

Bollocks! *vulg* / **Fuck!** *vulg*	Scheiße! / Scheißdreck!
Shit! *vulg*	Kacke!
What a load of bollocks! *vulg*	Das ist völliger Scheiß!
Fuck it! *vulg* / **Bugger it!** *vulg*	Verdammt! / Verflucht!
Fuck that! *vulg* / **Bugger that!** *vulg* / **Bollocks to that!** *vulg*	Verflucht! Ich scheiß' drauf!
I'm fed up! / I've had it up to HERE!	Ich hab' die Schnauze voll! / Mir steht's bis HIER!
Shut your big gob!	Halt dein großes Maul!
He's pissing me off! / He's getting on my tits!	Der geht mir auf den Sack / auf die Eier!
That's bloody disgusting!	Das ist zum Kotzen!
I'm fucked *vulg* / **buggered!**	Mir geht der Arsch auf Grundeis!
I'm scared shitless! / I'm shitting bricks!	Ich hab' ne Scheißangst!
It's brass monkeys!	Es ist arschkalt! / Es ist saukalt!
I don't give a shit! *vulg*	Das interessiert mich nicht! / Das ist mir piep(egal)!
I couldn't give a flying fuck! *vulg*	Das geht mir am Arsch vorbei!
Sweet F.A. (Fanny Adams) is what you get!	Einen Scheißdreck bekommst du!

Insults – Schimpfwörter

arsehole *vulg*	das	Arsch(loch)
plonker *pej*	der	Depp / Trottel / Hammel
durbrain *pej*	der	Armleuchter / Schwachmat / Naivling
knob, knob-head *pej*	der	(Voll)Idiot
bastard *vulg*	der	Drecksack
arse *vulg*	das	Arsch
fuckwit *vulg!, pej!*	der	Nullchecker
(silly/ stupid) cunt *vulg!, pej!*	die	(blöde / dumme) Fotze
motherfucker *vulg!, pej!*	der	Arschficker
wanker *pej!*	der	Wichser

tosspot *vulg, pej*	die	**Dumpfbacke**
tosser *vulg, pej!*	der	**Wichser**
dosser *vulg, pej*	der	**faule Hund**
hog, pig	das	**Schwein**
son of a bitch	der	**Mistkerl (Hurensohn)**
slapper *pej*	die	**Schlampe**
bitch	die	**blöde / dumme Kuh / Ziege**
retard	die	**Missgeburt**
creep	der	**Kotzbrocken**
scumbag	der	**Dreckskerl**
fuckface *vulg!, pej*	der	**Schwanzlutscher**
slag	die	**Schlampe / Nutte**
brown-noser	der die	**Arschkriecher** **Arschkriecherin**
What a pain in the arse! *vulg*		**Wie nervig! / Was für ein nerviger Typ!**
Shut your face!		**Halt die Klappe!**
Kiss my arse! *vulg*		**Leck' mich (am Arsch)!**
Bollocks to you! *vulg*		**Du kannst mich mal (am Arsch lecken)!**
Go fuck yourself! *vulg*		**Fick dich (ins Knie)!**
Piss off!		**Verpiss' dich! Verschwind'! Mach' dich vom Acker!**
Eff off!		**Zieh' Leine! Geh' mir aus den Augen!**
I don't care about you!		**Du bist mir (scheiß)egal!**
Eat shit and die! *vulg*		**Du sollst verrecken / Verreck'!**

Crime slang – Kriminalität und Slang

	The (Old) Bill	die	**Bullerei**
	thepigs	die	**Bullen**
	cop	der	**Bulle**
to	**grass sb up**		**jdn verpfeifen**
to	**call the cops**		**die Bullen anrufen**
to	**be in for it**		**Ärger kriegen**
	slammer	der	**Knast**
	nick	der	**Knast**
	bracelets		**Handschellen**
	gangsta	der	**Gauner**
	dealer	der	**Dealer**
	junkie	der	**Junkie**
	pothead	der	**Kiffer**
	crackhead	der die	**Heroinabhängige(r)** **Heroinabhängige**
	hustler	der	**Hehler**
	hustling		**Hehlerei**
	paki basher		**jd, der Asiaten verprügelt**
	hit and run		**Fahrerflucht**
to	**be nicked for speeding**		**geblitzt werden**
to	**nick sth**		**etw klauen**
	dough	die	**Knete**
	quid		**das (britische) Pfund**
to	**bump sb off**		**jdn abknallen**
to	**beat sb up**		**jdn zusammenschlagen**
to	**smash sb's head in**		**jdn den Kopf einschlagen**
to	**kick the shit out of sb**		**jdn halbtod schlagen**
to	**nick sb**		**jdn festnehmen / einbuchten**
to	**can sb**		**jdn einlochen**
to	**get sent down**		**eingelocht werden**
to	**get nicked**		**abgreifen / abrippen / schnappen**
to	**be behind bars**		**hinter Gittern sitzen**
to	**do time**		**seine Zeit absitzen**

Red light district – Rotlichtmilieu

	curb crawler	die	**Bordsteinschwalbe**
	prossie	die	**Hure / Nutte**
	floozie	das	**leichte Mädchen**
	fag	der	**Schwule**
	rent boy	der	**Stricher**
	pimp	der	**Zuhälter / Lude / Stenz / Louis**
	knocking shop	der	**Puff / Bumslokal**
to	**go / be on the game**		**auf den Strich gehen**

Sexual slang – Sexueller Slang

	straight		**hetero**
	queer *pej*	der	**Homo**
	dyke *pej*	die	**Lesbe**
	lesie *pej*	die	**Lesbe**
	trannie	die	**Transe**
	fag *pej*	die	**Schwuchtel**
	slag /slapper *pej*	die	**Schlampe** *(leicht rumzukriegen)*
to	**come out**		**sich outen**
to	**swing both ways**		**beidseitig befahrbar** *(bisexuell)*
to	**be wet**		**feucht sein**
to	**fuck** *vulg*		**ficken / bumsen / vögeln / poppen**
to	**pull sb**		**jdn anbaggern**
to	**lay sb**		**es mit jdn. treiben / mit jdm. schlafen**
to	**shag** *vulg*		**ficken / bumsen**
	a good fuck *vulg* **/ fuckable** *vulg*		**gut zu ficken**
	horny		**geil**
to	**be hot to trot**		**geil / spitz / scharf sein**
	dick *vulg*	der	**Schwanz / Penis / Pimmel**
	todger *vulg*	der	**Schwanz / Pimmel / Penis**
	tits *vulg*	die	**Titten / Brüste**
	knockers	die	**Titten / Hupen / Glocken**

	fanny	die	Vagina / Möse / Muschi
	cunt	die	Fotze / Möse

Pubbing and Clubing – Kneipe und Party

	mate	der	Kumpel
	party	die	Party
	ciggy **fag**	die	Fluppe / Kippe / Ziggi
to	**bum a ciggy**		eine Kippe schnorren
to	**spark up**		sich eine anmachen
	beer	das	Bier
	pint		0,568 l Bier
	plonk	der	Fusel
	piss-up	das	Trinkgelage
	G 'n' T (gin tonic)	der	Gin Tonic
	snakebite	der	Cidre mit Bier
	snakebite and black	der	Cidre mit Bier und schwarzer Johannisbeersyrup
	lager and lime	das	Bier mit Limettensyruo
	shandy	der	Radler
	Cheers!		Prost!
	be pissed as a fart/ rat-arsed / trashed		sternhagelvoll sein
	hangover	der	Kater
to	**be hung over / have a hangover**		einen Kater haben
to	**chunder**		kotzen / göbeln
to	**puke one's guts out**		
	club	die	Disko
	after work do	die	After-Work-Party
to	**stand sb up**		jdn versetzen
to	**go for a pint**		einen trinken gehen
to	**get trashed /pissed**		sich einen hinter die Binde kippen
to	**go on a pubcrawl**		auf Kneipentour gehen
to	**go out on the town**		die Stadt unsicher machen
to	**do an allnighter**		die ganze Nacht durchmachen

to **chill out / hang out**	chillen / loungen / herumhängen
What's the score /crack?	Was geht (ab)?
Where's the crack at?	Wo geht was ab? Wo ist was los?
The club is kicking!	In der Disko ist eine Bombenstimmung!
The music's pumping!	Die Musik ist voll cool / geil!
The place was a dive.	Das war ein üble Spelunke.
to **score**	Stoff beschaffen
to **drop an acid / E**	LSD / Ecstasy einwerfen
to **skin up**	eine Tüte bauen
to **draw a line**	eine Line ziehen

Hot gossip – Tratsch und Klatsch

Wicked! / Sorted!	Cool! / (Sau)Geil!
It was the dog's bollocks!	Das war affengeil / erste Sahne!
You're kidding me / having me on!	Verdammt! / Scheiße!
Are you serious? / Fo sho!	Echt? – Ja, ohne Scheiß!
Get a load of that!	Das ist ja der Hammer
No shit (Sherlock!)	Ach, was du nicht sagst.
Really? / Are you having me on?	Echt? / Verarschst du mich auch nicht?
to **have a chat / natter**	tratschen / klatschen
to **bitch about sb**	über jdn. lästern / motzen
to **slag sb off**	über jdn. lästern

In the family – In der Familie

my folks		meine Alten
the Missus / her indoors		meine Alte
the old man		mein Alter
ankle biter	der	Dreikäsehoch
rug rat		
nipper / sprog	der	kleine Scheißer / Knirps
bro		Bruder
sis		Schwester
nan		Omi

Chat & SMS

u	**you**	du
r	**are**	bist
ur	**your, you're**	dein; du bist
lol	**laugh out loud**	lache laut
2	**to, too (z. B. I will be there 2)**	nach; auch
4	**for; auch bei Wörtern wie b4 (before)**	für
8	**ersetzt die Silbe -ate; auch bei Wörtern wie l8r oder sk8r**	
l8r	**later**	bis später
sk8r	**skater**	Skater
y	**why, yes; meist jedoch why**	warum; ja
k	**okay; auch erweiterbar zu kk**	okay
c	**see (z. B. cu l8r)**	sehen
cu l8r	**see you later**	bis später
omg	**oh my god**	Oh mein Gott
omfg	**oh my fucking god**	Ach du Scheiße
g2g	**got to go**	muss los
rofl	**rolling on the floor laughing**	liege lachend am Boden
lmao	**laugh my ass off**	lach mich halb tot
tmrw, 2moro	**tomorrow**	morgen
gl	**good luck**	viel Glück
bl	**bad luck**	Pech

hf	**have fun**	viel Spaß
gg	**good game, good going**	gutes Spiel, gut so
gj	**good job**	super
idc	**I don't care**	ist mir egal
idk	**I don't know**	weiß ich nicht
ttyl	**talk to you later**	wir sprechen uns später
ttfn	**ta ta for now**	bis später
ty	**thank you**	danke
thx	**thanks**	danke
np	**no problem**	kein Problem
brb	**be right back**	bin gleich wieder da
afk	**away from keyboard**	bin gerade nicht am PC
tbh	**to be honest**	um ehrlich zu sein
atm	**at the moment**	im Moment
btw	**by the way**	übrigens
cbb	**can't be bothered**	hab kein Bock
jk	**just kidding**	war nur ein Scherz
imho	**in my humble opinion**	wenn du mich fragst
afaik	**as far as I know**	soviel ich weiß
iirc	**if I recall correctly**	wenn ich mich recht erinnere
w/w	**whatever; weekend**	wie auch immer; Wochenende
wtf	**what the fuck**	was zum Teufel
txt	**text**	Text
idgaf	**I don't give a fuck**	ist mir scheißegal

Cockney rhyming slang

Mit Cockney wird der Dialekt bezeichnet, den man in und um London spricht. Beim rhyming slang wird ein Wort durch ein Reimpaar ersetzt, oft ist dann sogar nur noch eines dieser Wortpaare der Ersatz für das eigentliche Wort. So reimt sich z.B. butcher's hook mit look, man sagt aber nur „I'm just having a butcher's" (anstatt „I'm just having a look").
Hier eine kleine Liste der häufigsten:

Wort:	**reimt sich mit:**	**Cockney:**
lies	*pork pies*	porkies
stairs	*apples and pears*	apples

hair	*Barnet fair*	Barnet
prostitute	*brass flute*	brass
telephone	*dog and bone*	dog
car	*jam jar*	jam
money	*bread and honey*	bread
cheese	*John Cleese*	John Cleese
mate	*China plate*	China
AIDS	*ace of spades*	ace of spades
crap	*pony and trap*	pony
kid	*saucepan lid*	saucepan
road	*frog and toad*	frog
tea	*Rosie Lee*	Rosie
bank	*J. Arthur Rank*	J. Arthur
army	*daft and barmy*	barmy
wife	*trouble and strife*	trouble
shit	*Tom Tit*	Tom
sister	*skin and blister*	skin
advice	*Anneka Rice (britische Fernsehmoderatorin)*	Anneka Rice
tenner (= zehn-Pfund-Schein)	*Ayrton Senna*	Ayrton Senna

feet	*plates of meat*	plates
teeth	*Hampstead Heath*	Hampsteads
legs	*Scotch eggs*	Scotches
eyes	*mince pies*	minces
arms	*Chalk Farms*	Chalk Farms
hair	*Barnet Fair*	Barnet
head	*loaf of bread*	loaf
face	*boat race*	boat race
mouth	*North and South*	North and South

NEU
PONS
mobil
Wortschatztraining
ENGLISCH
Für MP3-Player
und CD-Player

NEU
PONS
mobil
Wortschatztraining
FRANZÖSISCH
Für MP3-Player
und CD-Player

NEU
PONS
mobil
Wortschatztraining
ITALIENISCH
Für MP3-Player
und CD-Player